아라 마크라메의 BEST ITEM

예쁜 매듭 팔찌 & 소품 만들기

아라 마크라메의 BEST ITEM

예쁜 매듭 팔찌 & 소품 만들기

지은이 조아라
펴낸이 정규도
펴낸곳 황금시간

초판 1쇄 발행 2014년 7월 31일
초판 7쇄 발행 2025년 5월 20일

편집 권명희 신소연 이수빈
디자인 렐리시
사진 촬영 김하영
모델 오아름

황금시간
Golden Time

주소 경기도 파주시 문발로 211
전화 (02)736-2031(내선 291~296)
팩스 (02)732-2036

출판등록 제406-2007-00002호
공급처 (주)다락원
구입문의 전화: (02)736-2031(내선 250~252)
　　　　　팩스: (02)732-2037

Copyright ⓒ 2014, 조아라

저자 및 출판사의 허락 없이 이 책의 일부 또는 전부를 무단 복제·전재·발췌할 수 없습니다. 구입 후 철회는 회사 내규에 부합하는 경우에 가능하므로 구입문의처에 문의하시기 바랍니다. 분실·파손 등에 따른 소비자 피해에 대해서는 공정거래위원회에서 고시한 소비자 분쟁 해결 기준에 따라 보상 가능합니다. 잘못된 책은 바꿔 드립니다.

값 16,800원
ISBN 978-89-92533-67-6　13590

아라 마크라메의 BEST ITEM

예쁜 매듭 팔찌 & 소품 만들기

조아라 지음

황금시간
Golden Time

언젠가 해외여행을 하면서 매듭 팔찌 하나를 선물 받았습니다. 어찌 보면 소소한 선물이지만, 직접 만들어야 하고 만드는 과정에 정성이 필요하기에 값비싼 물건보다 더 의미 있는 선물이라는 생각이 들었습니다. 또 늘 팔에 지니고 있을 수 있으니, 선물을 준 사람을 기억하기에도 좋고요. 그 팔찌 덕분에 매듭의 세계에 발을 들여놓게 되었지요.

처음에는 한두 가지 매듭법만 익혀 팔찌를 만들다 점점 매듭의 매력에 빠지게 되었고, 더 많은 사람에게 알리고 싶어 매듭 공방을 열었습니다. 공방을 운영하다 보니 TV 출연과 영화 소품 제작, 커스텀 제작, 출강 등으로 바쁜 나날을 보내게 되었습니다. 좋아하는 일을 하며 바쁠 수 있다는 사실에 감사하고 더 즐겁게 작품을 만들 수 있었습니다.

선명하고 예쁜 색깔, 포근하고 부드러운 질감, 어느 날의 약속처럼 단단한 매듭으로 이루어진 매듭 팔찌는 선물하는 사람이나 받는 사람 모두에게 행복한 시간을 준비해 줍니다.

인연이나 감사처럼, 매듭 팔찌에는 시간이 깃들어 있습니다. 팔찌를 만드는 시간은 선물 받는 이를 생각하는 시간과 같습니다. 팔찌를 선물 받으면, 손목에 차는 순간부터 선물한 이의 마음이 나와 함께 동행합니다. 마음과 의미를 담아 선물할 수 있다는 점, 오래도록 기억할 수 있다는 점, 그것이 매듭 공예, 매듭 팔찌의 가장 큰 매력이라고 생각합니다.

책 속 팔찌는 여유 있는 길이로 제안되어 있으니, 개인의 취향에 따라 팔찌를 만드는 중간중간 팔목에 감아보며 느슨하게 또는 딱 맞게 조절하여 만들어 보세요. 나만의 매듭 팔찌를 완성하는 그 과정이, 여러분께도 소중하고 행복한 시간이 되기를 바랍니다.

하나의 팔찌를 완성한 뒤의 뿌듯함은 만들어본 사람만이 알 수 있는 기쁨입니다. 이 행복한 시간을 여러분과 나누고 싶습니다. 지금, 처음 팔찌를 받았을 때의 기쁨을 누군가에게 고스란히 전해드릴 수 있다는 생각에 마음이 설렙니다.

2014년 7월
조아라

Contents

Chapter 1.
평매듭 팔찌

1. 심플한 평매듭 팔찌 ………… 10 (만드는 법 18)
2. 캐주얼한 느낌의 평매듭 팔찌 ………… 11 (만드는 법 20)
3. 길이 조절 평매듭 팔찌 ………… 12 (만드는 법 21)
4. 로프줄로 만든 평매듭 팔찌 ………… 13 (만드는 법 24)
5. 시원한 느낌의 평매듭 팔찌 ………… 14 (만드는 법 26)
6. 발랄한 느낌의 피시본 매듭 팔찌 ………… 14 (만드는 법 30)
7. 좌우 평매듭으로 만드는 팔찌 ………… 15 (만드는 법 32)
8. 메탈볼을 사용한 평매듭 팔찌 ………… 16 (만드는 법 35)

Chapter 2.
돌려엮기 팔찌

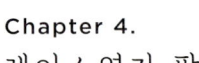

9. 2가지 컬러 돌려엮기 팔찌 ………… 38 (만드는 법 42)
10. 3가지 컬러 돌려엮기 팔지 ………… 38 (만드는 법 44)
11. 나무볼을 사용한 돌려엮기 팔찌 ………… 39 (만드는 법 45)
12. 두 줄 레이어드 돌려엮기 팔찌 ………… 40 (만드는 법 46)

Chapter 3.
평돌기 팔찌

13. 뱅글뱅글 평돌기 팔찌 ………… 50 (만드는 법 52)
14. 메탈볼을 사용한 평돌기 팔찌 ………… 51 (만드는 법 54)

Chapter 4.
레이스엮기 팔찌

15. 가지런한 느낌의 레이스엮기 팔찌 ………… 58 (만드는 법 64)
16. 좌우대칭 곡선의 레이스엮기 팔찌 ………… 59 (만드는 법 66)
17. 8자 패턴 레이스엮기 팔찌 ………… 60 (만드는 법 68)
18. 그물 모양의 레이스엮기 팔찌 ………… 61 (만드는 법 71)
19. 좌우교차 레이스엮기 팔찌 ………… 62 (만드는 법 74)
20. 비즈를 사용한 레이스엮기 팔찌 ………… 63 (만드는 법 75)

Chapter 5.
좌우엮기 팔찌

21. 기본적인 좌우엮기 팔찌 ………… 78 (만드는 법 80)
22. 좌우엮기와 3줄땋기를 이용한 도톰한 팔찌 ………… 79 (만드는 법 82)
23. 로프줄로 만든 좌우엮기 팔찌 ………… 79 (만드는 법 83)

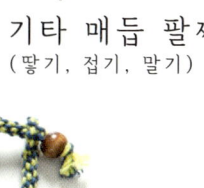

Chapter 6.
기타 매듭 팔찌
(땋기, 접기, 말기)

24. 3줄땋기 팔찌와 발찌 ………… 86 (만드는 법 90)
25. 4줄땋기 팔찌 ………… 87 (만드는 법 91)
26. 6줄땋기 팔찌 ………… 87 (만드는 법 92)
27. 둥근 4줄접기 팔찌 ………… 88 (만드는 법 93)
28. 사각 4줄접기 팔찌 ………… 89 (만드는 법 95)
29. 돌돌말아엮기 팔찌 ………… 89 (만드는 법 96)

Chapter 7.
미산가 소원팔찌

30. 줄무늬 패턴 소원팔찌 ………… 100 (만드는 법 104)
31. 지그재그 패턴 소원팔찌 ………… 101 (만드는 법 106)
32. 3줄 사선 패턴 소원팔찌 ………… 102 (만드는 법 108)
33. 6줄 사선 패턴 소원팔찌 ………… 103 (만드는 법 110)

Chapter 8.
**매듭을
응용한 소품**

34. 드림캐처 ………… 114 (만드는 법 120)
35. 키홀더 ………… 115 (만드는 법 123)
36. 에스닉풍 머리띠 ………… 116 (만드는 법 124)
37. 캔들 홀더 ………… 117 (만드는 법 125)
38. 디퓨저 장식 ………… 118 (만드는 법 126)
39. 휴지걸이 ………… 119 (만드는 법 127)
40. 전등 장식 ………… 119 (만드는 법 128)

도구와 기법 ………… 130

평매듭 팔찌

평매듭은 가장 기본이 되는 매듭법으로
다양하게 응용할 수 있어 선호도가 높습니다.
예쁜 평매듭 팔찌를 만드는
기초~중급 기법을 소개합니다.

① 심플한 평매듭 팔찌

가장 많이 사용되는 평매듭으로 만든 팔찌예요. 다양하게 응용할 수 있으므로 기본적으로 익혀두면 좋아요.

만드는 법 18쪽

평매듭 사이에 간격을 주어
캐주얼한 느낌으로 완성한 매듭 팔찌예요.
만드는 법 20쪽

❷ 캐주얼한 느낌의 평매듭 팔찌

3 길이 조절 평매듭 팔찌

나무볼로 마감하는 대신
길이를 조절할 수 있도록 만들어 보았어요.
좀 더 심플한 느낌이 매력이에요.
만드는 법 21쪽

❹ 로프줄로 만든 평매듭 팔찌

두툼한 로프줄을 사용해 쉽고 빠르게 만들 수 있는 매듭 팔찌예요.

만드는 법 24쪽

5
시원한
느낌의
평매듭 팔찌

캐주얼한 느낌의 평매듭 팔찌보다 조금
더 촘촘한 매듭 팔찌예요.
만드는 법 26쪽

색상별로 번갈아가며 평매듭을 만들어 발랄한
느낌을 주는 매듭 팔찌예요. 생선 뼈 모양과
닮아서 피시본 매듭이라고도 부릅니다.
만드는 법 30쪽

6
발랄한 느낌의
피시본
매듭 팔찌

❼ 좌우 평매듭으로 만드는 팔찌

6줄을 이용해 좌우 번갈아가며 평매듭을 만들면 두 가지 톤의 팔찌를 만들 수 있어요.

만드는 법 32쪽

⑧ 메탈볼을 사용한 평매듭 팔찌

지금까지 익힌 평매듭 기법에 메탈볼을 더하면 전혀 다른 느낌의 팔찌를 연출할 수 있어요.

만드는 법 35쪽

❶ 심플한 평매듭 팔찌(10쪽) 만드는 법

재료

실
매듭실 A 면 소재, 150cm×2줄
(진밤색, 청록색)
매듭실 B 면 소재, 65cm×1줄
(밝은 갈색)

기타
나무볼 10mm 1개

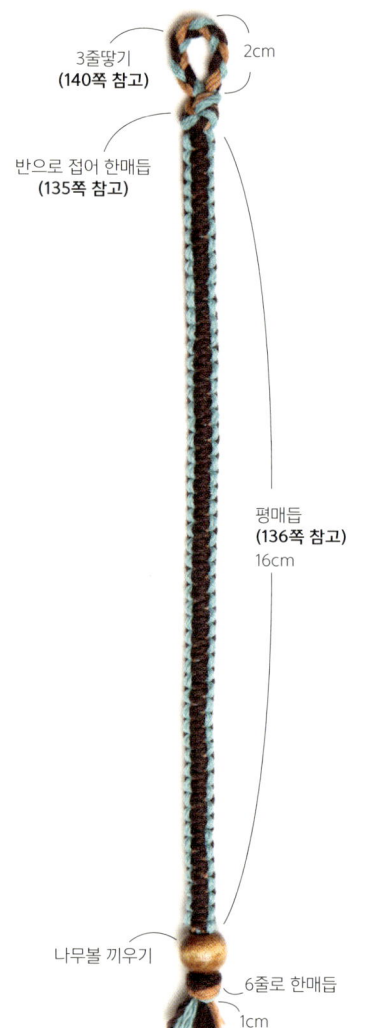

3줄땋기 **(140쪽 참고)** 2cm
반으로 접어 한매듭 **(135쪽 참고)**
평매듭 **(136쪽 참고)** 16cm
나무볼 끼우기
6줄로 한매듭 1cm

사이즈 손목 둘레 약 15cm

1 매듭실 3줄의 한쪽 끝을 맞추고 30cm 떨어진 지점을 테이프나 집게로 고정한 뒤 4cm 정도 3줄땋기(140쪽 참고)를 한다.

2 3줄땋기 한 부분을 반으로 접어서 한매듭(135쪽 참고)으로 묶어주면 고리가 완성된다.

3 고리를 집게나 테이프로 고정한 뒤 긴 실 중에서 청록색과 진밤색 1줄씩 양쪽으로 배치하고 중앙에는 중심 실 4개를 놓는다. a(엮는 실)를 중심 실의 위로 올린다.

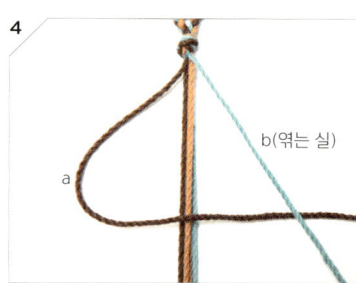

4 b(엮는 실)를 a 위에 놓는다.

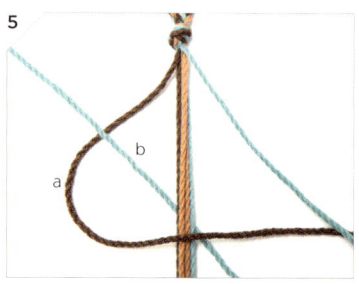

5 다시 b를 중심 실 아래로 통과시켜 a의 고리 위로 빼낸다.

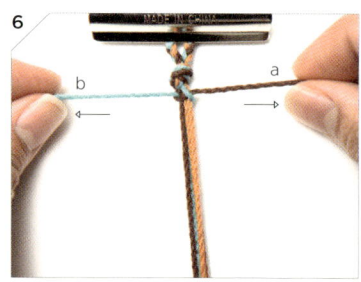

6 b와 a를 양쪽으로 당긴다.

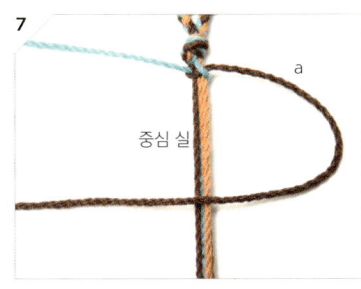

7 오른쪽으로 옮겨진 a를 중심 실 위로 올린다.

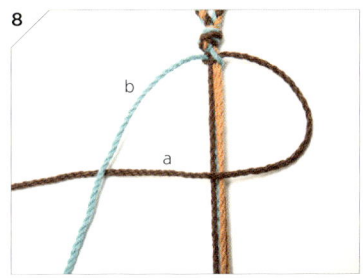

8 b를 a 위로 올린다.

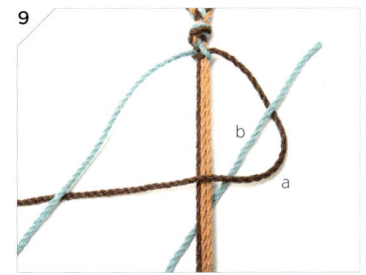

9 다시 b를 중심 실 아래로 통과시켜 a의 고리 위로 빼낸다.

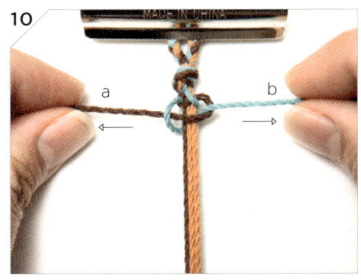

10 a와 b를 양쪽으로 당긴다.
※과정3~과정10까지
평매듭(136쪽 참고) 1세트.

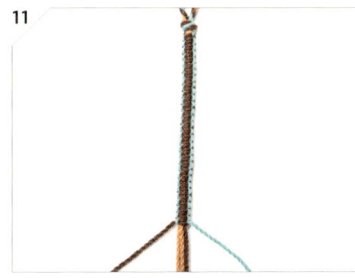

11 손목 둘레에 맞을 때까지 과정3~과정10을 여러 번 반복한다.

12 적당한 길이가 되면 중심 실 길이에 맞춰 2개의 엮는 실을 잘라주고, 6개의 줄 끝을 볼에 통과시키기 쉽도록 테이프를 붙인다.

13 나무볼을 끼운다.

14 나무볼이 빠지지 않도록 한매듭으로 묶어준 뒤 실을 1cm 정도 남기고 자른다.

15 완성!
※양면의 색상이 다르게 나타난다. 마음에 드는 쪽으로 뒤집어서 사용해도 좋다.

❷ 캐주얼한 느낌의 평매듭 팔찌(11쪽) ✂ 만드는 법

재료

실
매듭실 A 면 소재, 100cm×2줄
(주황색, 보라색)
매듭실 B 면 소재, 65cm×1줄(연두색)

기타
나무볼 10mm 1개

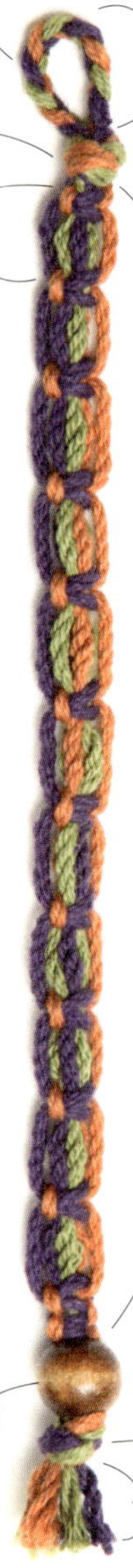

① 매듭실을 모두 모아 30cm 떨어진 지점에서 4cm 정도 3줄땋기(140쪽 참고)를 한다.

2cm

② 3줄땋기 한 부분을 반으로 접어 한매듭(135쪽 참고)

평매듭(136쪽 참고) 1세트

③ 평매듭 11세트 16cm

④ 나무볼 끼우기

⑤ 6줄로 한매듭

1cm

사이즈 손목 둘레 약 15cm

※심플한 평매듭 팔찌(**18쪽 참고**)에서 1cm 정도 간격을 더 벌려준다.
※1세트가 완성될 때 바짝 당기는 매듭을 반복하여 그림과 같은 간격을 만든다.

❸ 길이 조절 평매듭 팔찌(12쪽) ✂ 만드는 법

재료

실

매듭실 A 면 소재, 100cm×2줄(분홍색, 청록색)
매듭실 B 면 소재, 40cm×2줄(노란색)
매듭실 C 면 소재, 20cm×1줄(밤색)

1. 매듭실 B의 실 끝에서 10cm 떨어진 지점에 그림과 같이 매듭실 A의 2줄을 놓고 테이프나 집게로 고정한다.

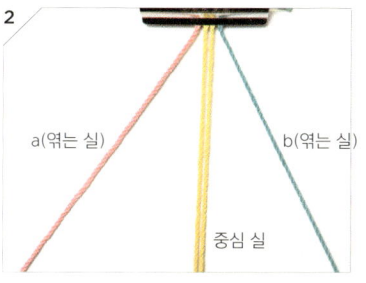

2. 중앙에 중심 실 2줄을 배치, 양쪽에 엮는 실(a, b)을 각각 배치한다.

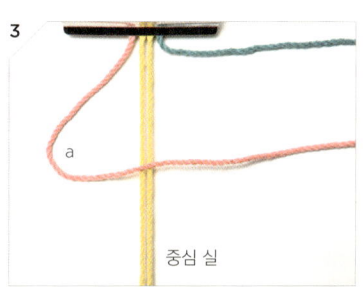

3. a를 중심 실 위로 올린다.

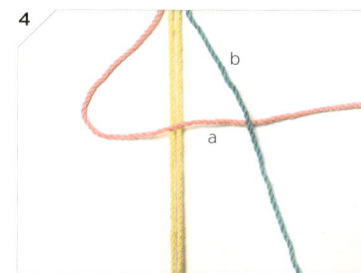

4. b를 a 위로 올린다.

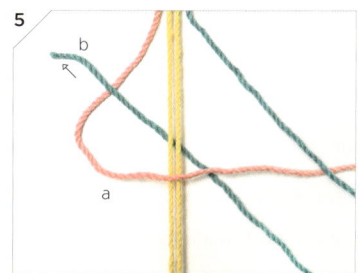

5. b를 중심 실 아래로 통과시키고, a의 고리 위로 빼낸다.

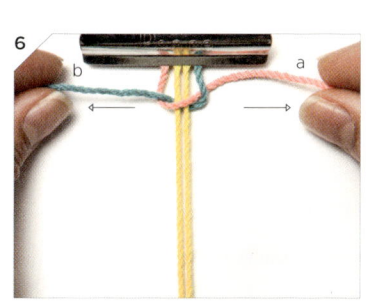

6. b와 a를 양쪽으로 당긴다.
※과정3~과정6까지 평매듭 반세트.

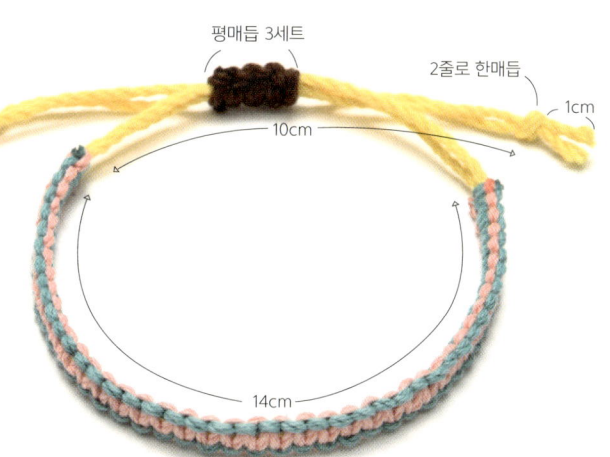

사이즈 손목 둘레 약 15cm

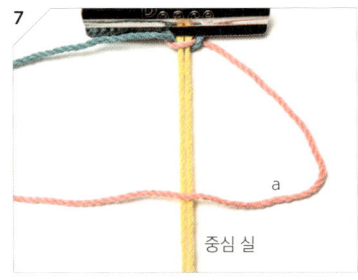

7 오른쪽으로 옮겨진 a를 중심 실 위로 올린다.

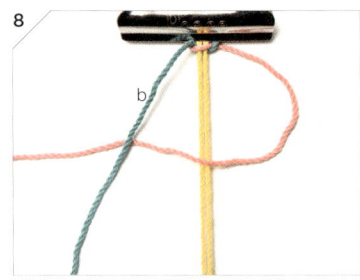

8 b를 a 위로 올린다.

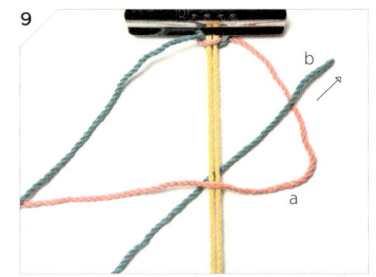

9 b를 중심 실 아래로 통과시키고, a의 고리 위로 빼낸다.

10 a와 b를 양쪽으로 당긴다.

11 양쪽으로 세게 당긴 모습.
※ 과정3~과정11까지 평매듭 1세트.

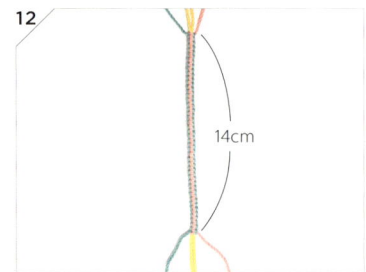

12 14cm 정도의 길이가 될 때까지 과정3~과정11을 반복한다.

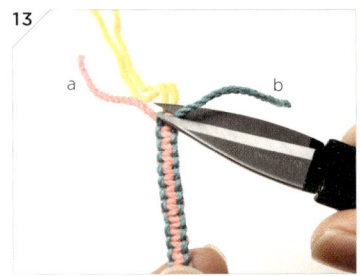

13 처음 시작점과 마지막 점의 a, b의 끝을 바짝 자른다.

14 자른 부분이 풀어지지 않게 접착제를 살짝 바른다.

15 양쪽으로 남은 중심 실은 그림과 같이 겹쳐놓는다.

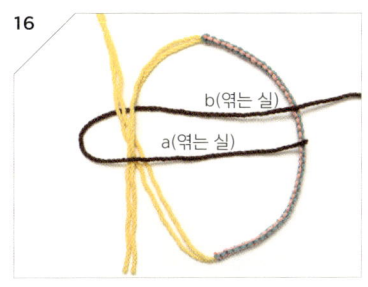

16
매듭실 C를 중심 실 아래로 그림과 같이 배치한다.
a를 중심 실 위로 올린다.

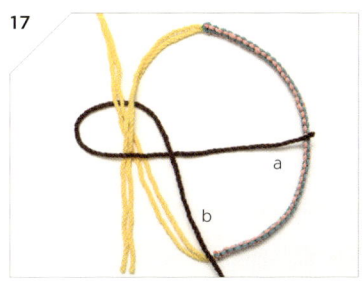

17
b를 a위에 놓는다.

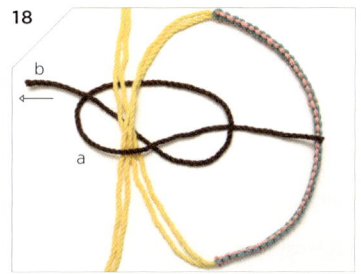

18
b를 중심 실 아래로 통과시키고, a의 고리 위로 꺼내 세게 잡아당긴다.

19
다시 a를 중심 실 위로 올린다.

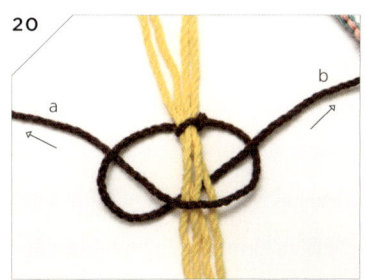

20
b를 a 위로 올리고 중심 실 아래로 통과시켜서 a의 고리 위로 꺼낸다.

21
a와 b를 양쪽으로 잡아당긴다. 과정 16~21까지가 평매듭 1세트. 2번 더 반복해서 평매듭 3세트를 해준다.

22
3세트가 마무리되면 실을 바짝 자른다.

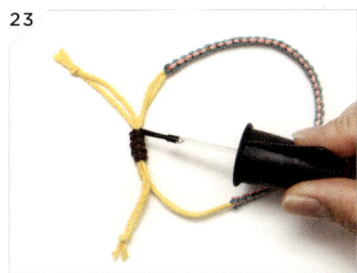

23
자른 부분에 접착제를 바른다.

24
완성!
※앞면과 뒷면의 색이 다르다.

④ 로프줄로 만든 평매듭 팔찌(13쪽) 만드는 법

재료
실
매듭실 A 로프줄, 160cm×1줄
매듭실 B 로프줄, 65cm×1줄

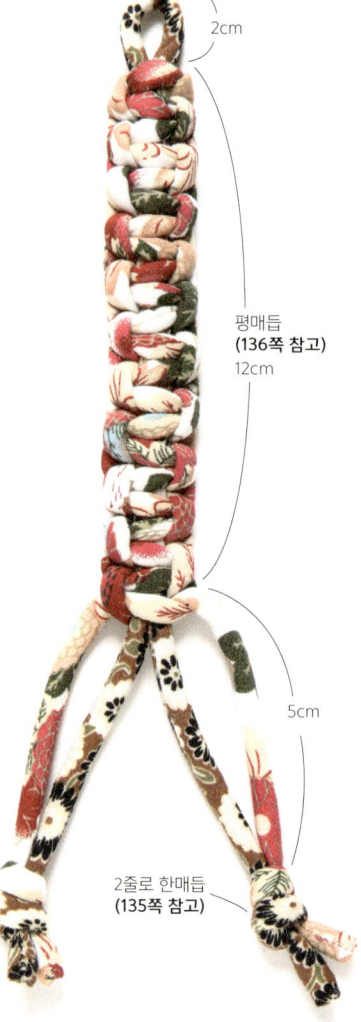

평매듭
(136쪽 참고)
12cm

2cm

5cm

2줄로 한매듭
(135쪽 참고)

사이즈 손목 둘레 약 15cm

1. 중심 실이 될 매듭실 B(65cm 로프줄)를 반으로 접는다.

2. 중심 실을 2cm 정도 남기고 집게로 고정한다. 매듭실 A(160cm 로프줄)를 중심 실 가운데에 오도록 뒤쪽에 놓는다.

3. a(엮는 실)를 중심 실 위로 올린다.

4. b(엮는 실)를 a위로 올린다.

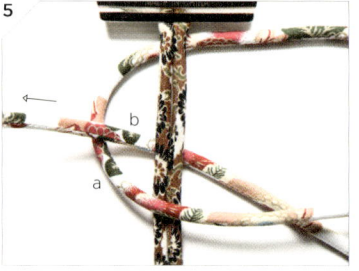

5. b를 중심 실 아래로 통과시켜, a의 고리 위로 빼낸다.

6. b와 a를 양쪽으로 세게 당긴다.

양쪽으로 세게 당긴 모습.
※과정3~과정7까지 평매듭 반세트.

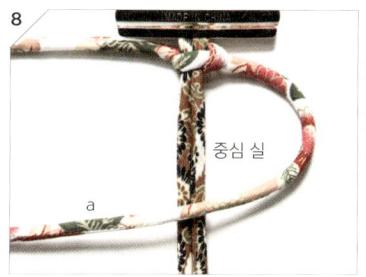

이번에는 오른쪽으로 옮겨진 a를 중심 실 위로 올린다.

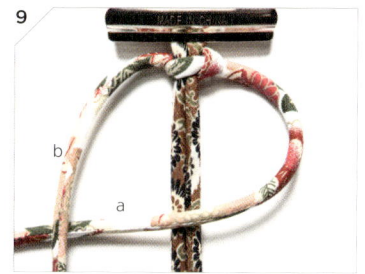

b를 a 위로 올린다.

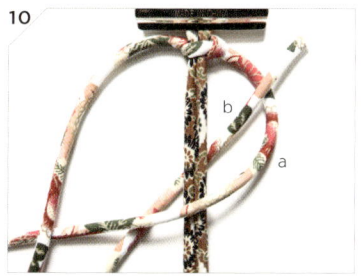

b를 중심 실 아래로 통과시키고, a의 고리 위로 빼낸다.

a와 b를 양쪽으로 당긴다.
※과정3~과정11까지 평매듭 1세트.

손목 둘레 보다 3cm 정도 짧은 길이가 될 때까지 과정3~과정11을 반복한다.

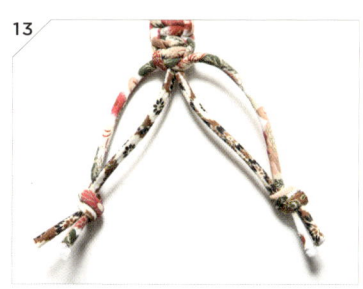

2줄씩 합쳐서 양쪽 끝을 한매듭으로 묶는다.

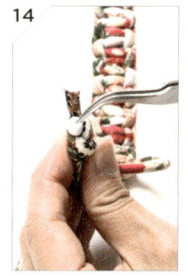

로프줄 끝을 적당히 자르고, 집게로 끝부분을 풀리지 않게 넣어준다.

끝부분을 마무리한 모습.

완성!

⑤ 시원한 느낌의 평매듭 팔찌(14쪽) 만드는 법

재료
실
매듭실 A 면 소재, 150cm×2줄
(연보라색, 크림색)
매듭실 B 면 소재, 65cm×1줄(밤색)
기타
나무볼 10mm 1개

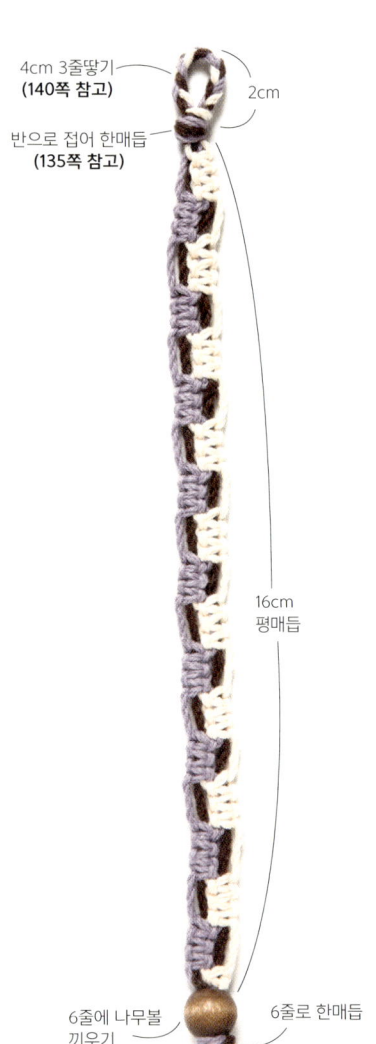

- 4cm 3줄땋기 (140쪽 참고)
- 2cm
- 반으로 접어 한매듭 (135쪽 참고)
- 16cm 평매듭
- 6줄에 나무볼 끼우기
- 6줄로 한매듭
- 1cm

사이즈 손목 둘레 약 15cm

1. 매듭실 3줄의 중간 지점을 집게나 테이프로 고정시키고, 4cm 정도 3줄땋기를 한다.

2. 3줄땋기 한 부분을 반으로 접어서 한매듭으로 묶으면 고리가 완성된다.

3. 고리를 집게로 고정한 뒤 a, b, c, d, e, f의 순서로 실을 배치한다.

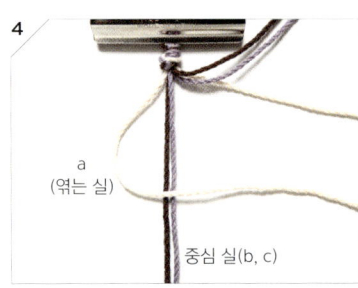

4. a(엮는 실)를 중심 실(b, c) 위로 올린다.

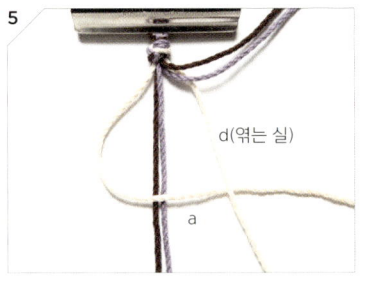

5. d(엮는 실)를 a 위로 올린다.

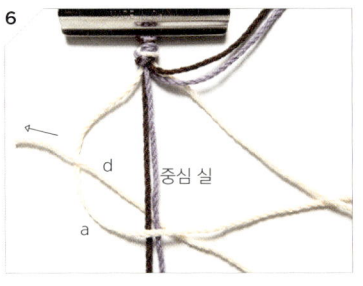

6. 다시 d를 중심 실(b, c) 아래로 통과시키고, a의 고리 위로 빼낸다.

d와 a를 양쪽으로 당긴다.

d와 a를 당겨서 조인 모습.
※과정4~과정8까지 평매듭 반세트.

이번에는 오른쪽으로 옮겨진 a를 중심 실 위로 올린다.

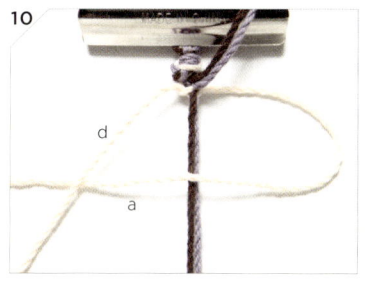
d를 a 위로 올린다.

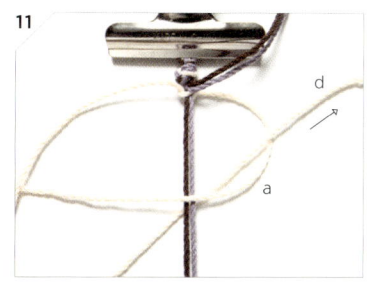
다시 d를 중심 실 아래로 통과시키고, a의 고리 위로 빼낸다.

a와 d를 양쪽으로 당긴다.
※과정4~과정12까지 평매듭 1세트.

과정4~과정12를 3번 반복한다.

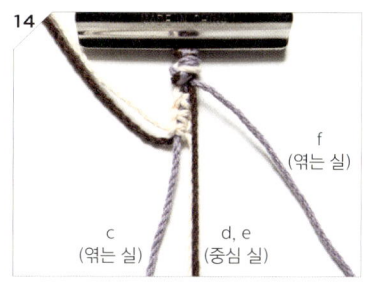
색을 바꾸기 위해 실의 위치를 바꿔서 c, d, e, f를 배치해 놓는다. c와 f를 엮는 실로, d, e를 중심 실로 만든다.

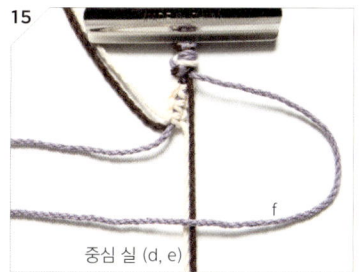
f를 중심 실(d, e) 위로 올린다.

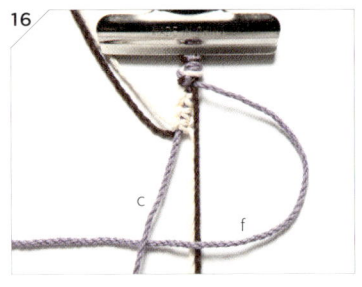

c를 f 위에 놓는다.

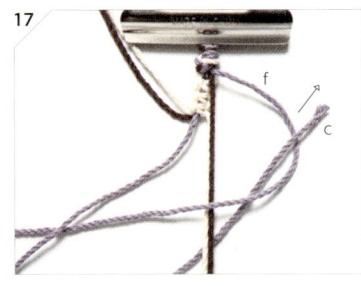

다시 c를 중심 실 아래로 통과시켜 f의 고리 위로 빼낸다.

f와 c를 양쪽으로 당긴다.

이번에는 오른쪽으로 옮겨진 f실을 중심 실 위로 올린다.

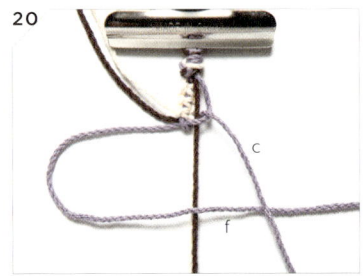

c를 f 위에 놓는다.

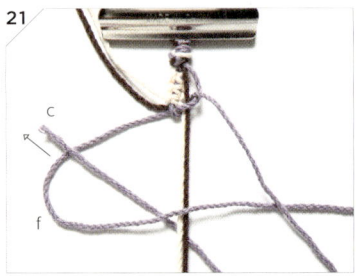

다시 c를 중심 실 아래로 통과시켜 f의 고리 위로 빼낸다.

c와 f를 양쪽으로 당긴다.
※ 과정15~과정22까지 평매듭 1세트.

과정15~과정22를 2세트 더 반복하고, 손목 둘레에 맞을 때까지 양쪽으로 평매듭 3세트씩 번갈아가며 반복한다.

완성되었으면 실 끝을 8cm 정도 남기고 자른다.

6개의 줄 끝에 테이프를 붙이고
나무볼을 넣는다.

나무볼이 빠지지 않도록 묶은 뒤 실을 1cm
정도 적당히 남기고 자른다.

완성!

재료

실
매듭실 A 면 소재, 150cm×4줄
(빨간색, 주황색, 회색, 밤색)
매듭실 B 면 소재, 65cm×1줄(회색)

기타
나무볼 10mm 1개

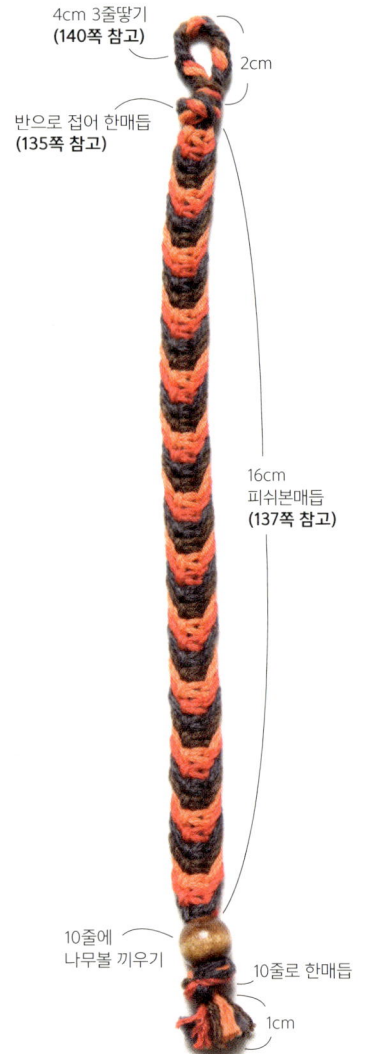

- 4cm 3줄땋기 (140쪽 참고)
- 2cm
- 반으로 접어 한매듭 (135쪽 참고)
- 16cm 피쉬본매듭 (137쪽 참고)
- 10줄에 나무볼 끼우기
- 10줄로 한매듭
- 1cm

사이즈 손목 둘레 약 15cm

1

매듭실 3줄의 중간 지점을 집게나 테이프로 고정시켜놓고, 4cm 정도 3줄땋기를 하고 한매듭으로 묶어 고리를 만든다.

2
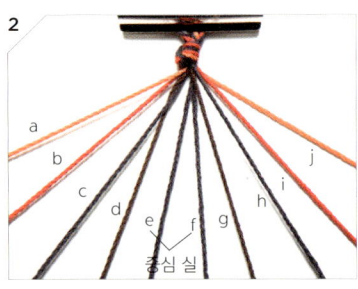

고리를 집게로 고정한 뒤 a, b, c, d, e, f, g, h, i, j의 순서로 실을 배치하는데, 중심 실이 되는 매듭실 B는 가운데 e, f의 위치에 놓는다.

3

1단은 양쪽 가장자리의 주황색 실인 a, j를 엮는 실로 하여 만든다.
a를 중심 실(e, f) 위로 올린다.

4
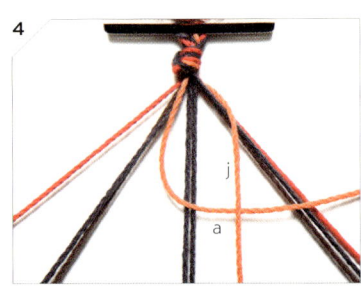

j를 a의 위로 올린다.

5
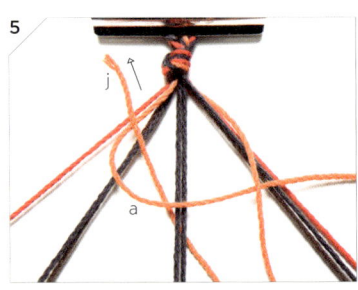

다시 j를 중심 실 아래로 통과시키고 a의 고리 위로 빼낸다.

6

j와 a를 양쪽으로 당긴다.
※과정3~과정6까지 평매듭 반세트.

평매듭 1세트를 만들기 위해 한 번 더 반복한다. 오른쪽의 a를 중심 실 위로 올린다.

j를 a 위에 놓는다.

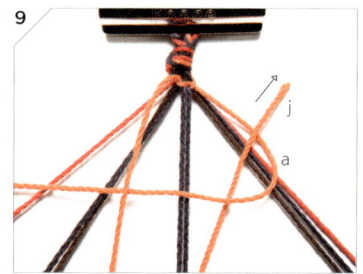

다시 j를 중심 실 아래로 통과시키고 a의 고리 위로 빼낸다.

a와 j를 양쪽으로 당긴다.
※과정3~과정10까지 평매듭 1세트.

이번에는 빨간색 실인 b와 i를 엮는 실로, 중심 실(e, f)은 그대로 놓고 평매듭 1세트(과정3~과정10)를 만든다.

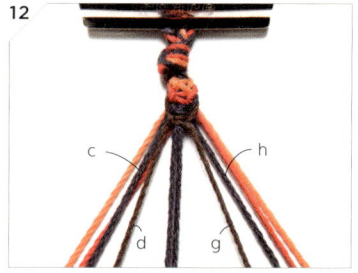

회색 실 c, h와 밤색 실 d, g도 과정11과 같은 방법으로 평매듭을 1세트씩 만든다. 손목 둘레에 맞을 때까지 과정3~과정12를 반복한다(색상별로 평매듭을 1세트씩 반복하면 된다).

완성되면 나무볼에 모든 실을 넣고 볼이 빠지지 않게 묶은 뒤 실을 적당히 남기고 자른다.

완성!

❼ 좌우 평매듭으로 만드는 팔찌(15쪽) ✂ 만드는 법

재료

실
매듭실 A 면 소재, 150cm×2줄
(하늘색, 분홍색)
매듭실 B 면 소재, 65cm×1줄(보라색)

기타
나무볼 10mm 1개

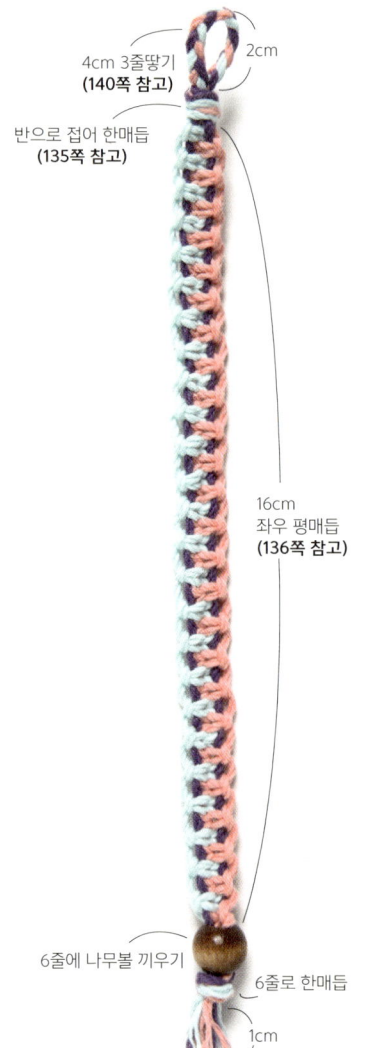

4cm 3줄땋기
(140쪽 참고) 2cm

반으로 접어 한매듭
(135쪽 참고)

16cm
좌우 평매듭
(136쪽 참고)

6줄에 나무볼 끼우기   6줄로 한매듭
1cm

사이즈 손목 둘레 약 15cm

1 매듭실 3줄의 중간 지점을 집게나 테이프로 고정시켜 놓고, 4cm 정도 3줄땋기를 한다.

2 3줄땋기 한 부분을 반으로 접고 한매듭으로 묶는다. 고리 완성.

3 고리를 집게로 고정한 뒤 a, b, c, d, e, f의 순서로 실을 배치하는데, 중심 실이 되는 매듭실 B는 b, e의 위치에 놓는다.

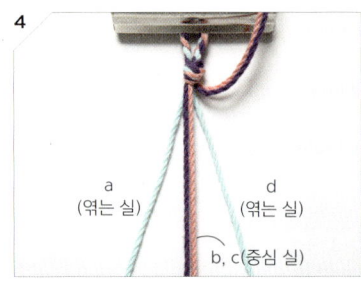

4 a와 d를 엮는 실로, b, c를 중심 실의 위치에 놓는다.

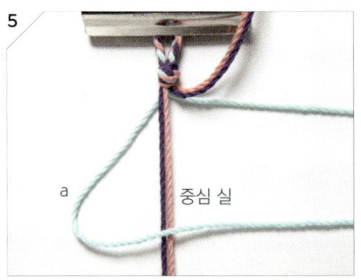

5 a를 중심 실 위로 올린다.

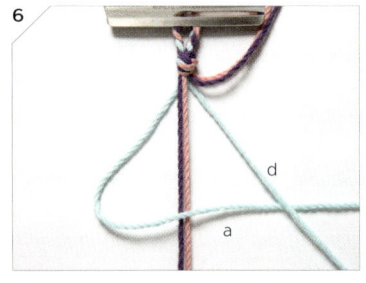

6 d를 a 위에 놓는다.

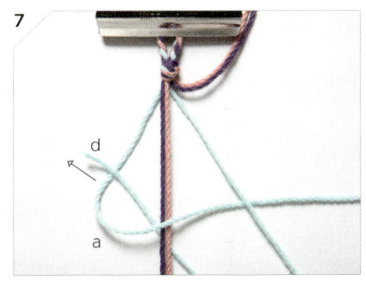

7 다시 d를 중심 실 아래로 통과시키고, a의 고리 위로 빼낸다.

8 d와 a를 양쪽으로 당긴다.
※ 과정5~과정8까지 평매듭 반세트.

9 이번에는 오른쪽으로 옮긴 a를 중심 실 위로 올린다.

10 d를 a 위에 놓는다.

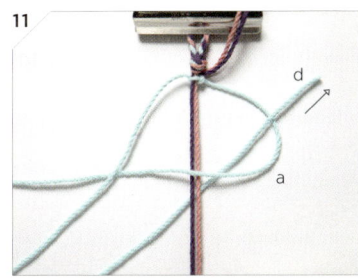

11 다시 d를 중심 실 아래로 통과시키고, a의 고리 위로 빼낸다.

12 a와 d를 양쪽으로 당긴다.
※ 과정5~과정12까지 평매듭 1세트.

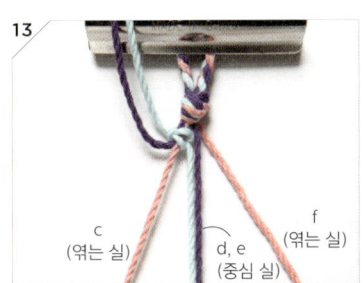

13 색을 바꾸기 위해 실을 바꿔서 c, d, e, f를 배치해 놓는다. c와 f를 엮는 실로, d, e를 중심 실로 작업한다.

14 f를 중심 실(d, e) 위로 올린다.

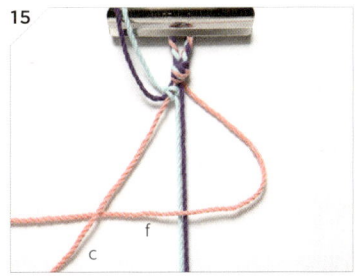

15 c를 f 위에 놓는다.

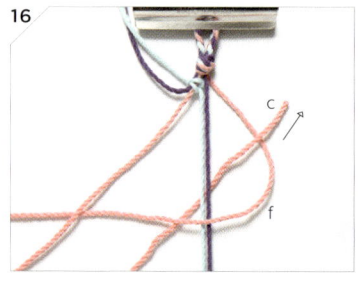

16 다시 c를 중심 실 아래로 통과시켜 f의 고리 위로 빼내고 양쪽으로 당겨서 조인다.

17 이번에는 오른쪽으로 옮겨진 f를 중심 실 위로 올린다.

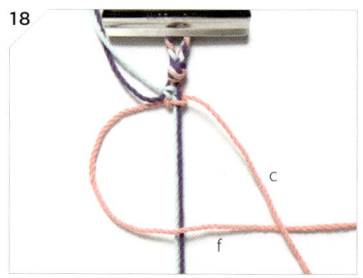

18 c를 f 위에 놓는다.

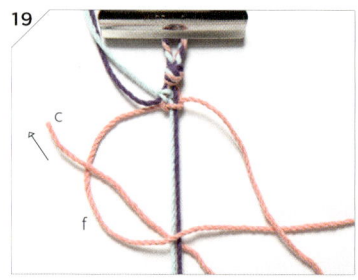

19 다시 c를 중심 실 아래로 통과시켜 f의 고리 위로 빼낸다.

20 c와 f를 양쪽으로 당긴다.
※ 과정14~과정20까지 평매듭 1세트.

21 손목 둘레에 맞을 때까지 과정5~과정20을 반복한다.

22 적당한 길이가 되면 중심 실 길이에 맞춰 실을 자른다.

23 6개의 줄 끝에 테이프를 붙이고 나무볼을 넣는다.

24 볼이 빠지지 않도록 한매듭으로 묶은 후 실을 적당히 남기고 자른다.

25 완성!

❽ 메탈볼을 사용한 평매듭 팔찌(16쪽) 만드는 법

재료
실
매듭실 A 마 소재, 160cm×1줄(빨간색)
매듭실 B 마 소개, 65cm×1줄(진회색)
기타
메탈볼 3mm 17개
메탈볼 10mm 1개

① 매듭실 B를 반으로 접어 한매듭(135쪽 참고)으로 묶는다(고리 완성).
2cm
② 평매듭 2cm
16cm
③ 평매듭(136쪽 참고) 1세트 사이에 작은 메탈볼을 넣는다.
④ 평매듭 2cm
⑤ 4줄에 큰 메탈볼 끼우기
⑥ 4줄로 한매듭
1cm

사이즈 손목 둘레 약 15cm

chapter 2

돌려엮기 팔찌

돌려엮기는 한 동작의 매듭법으로 뱅그르르
돌아가는 매듭 모양이 독특합니다.
기초부터 레이어드 응용,
나무볼 사용 작품 등을 소개합니다.

9 2가지 컬러 돌려엮기 팔찌

10 3가지 컬러 돌려엮기 팔찌

엮는 실로 중심 실을 말아 돌려엮기를 하면 사선 모양이 됩니다. 2가지 색을 조합하여 색상 바꾸는 방법을 알아봅니다. 같은 방법으로 3가지 컬러 조합도 만들어봅니다.
만드는 법 42쪽, 44쪽

11 나무볼을 사용한 돌려엮기 팔찌

중간 중간에 나무볼을 넣으면 색다른 느낌의 팔찌를 만들 수 있어요.
만드는 법 45쪽

⑫ 두 줄 레이어드 돌려엮기 팔찌

돌려엮기의 응용작으로 레이어드 느낌의 돌려엮기 팔찌입니다.
중간 중간 3줄땋기를 섞는 방법으로 만듭니다.
만드는 법 46쪽

⑨ 2가지 컬러 돌려엮기 팔찌(38쪽) ✂ 만드는 법

재료
실
매듭실 A 면 소재, 160cm×2줄
(빨간색, 초록색)
매듭실 B 면 소재, 65cm×1줄(흰색)
기타
나무볼 10mm 1개

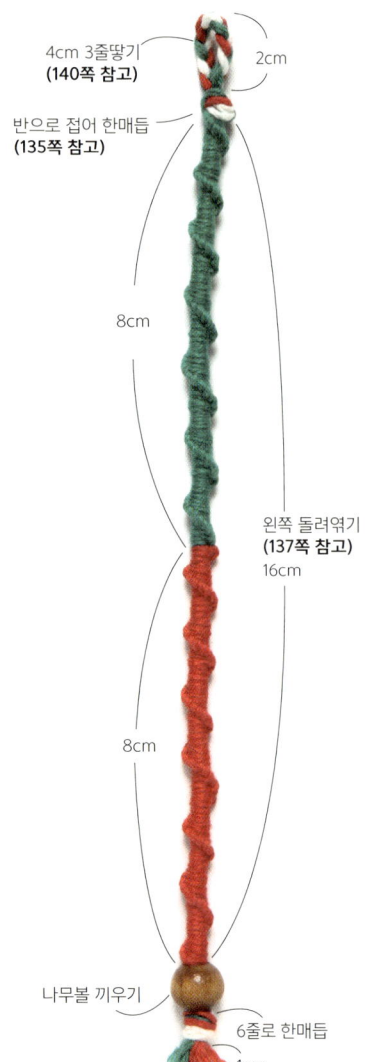

- 4cm 3줄땋기 (140쪽 참고)
- 2cm
- 반으로 접어 한매듭 (135쪽 참고)
- 8cm
- 왼쪽 돌려엮기 (137쪽 참고) 16cm
- 8cm
- 나무볼 끼우기
- 6줄로 한매듭
- 1cm

사이즈 손목 둘레 약 15cm

1. 매듭실 3줄의 한쪽 끝을 맞추고 30cm 떨어진 지점을 테이프나 집게로 고정한 뒤 4cm 정도 3줄땋기를 한다.

2. 3줄땋기 한 부분을 반으로 접어서 한매듭으로 묶는다. 고리 완성.

3. 자투리실을 고리에 걸고 테이프나 집게로 고정한다.

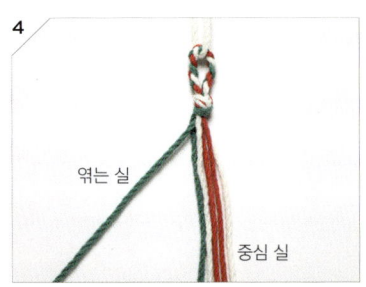

4. 매듭실 A에서 초록색 실 1줄(엮는 실)을 왼쪽에 놓고, 나머지 5줄(중심 실)은 오른쪽에 놓는다.

5. 엮는 실을 중심 실 위로 올린다.

6. 다시 엮는 실로 중심 실을 한 바퀴 감아 올린다.

7 엮는 실을 잡아당겨서 조인다.
※ 왼쪽 돌려엮기(137쪽) 참고

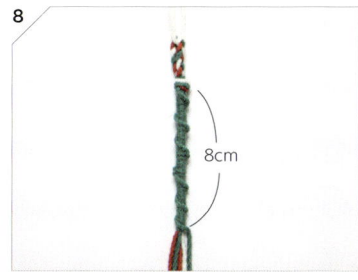

8 8cm 정도가 될 때까지 과정5~과정7을 반복한다.

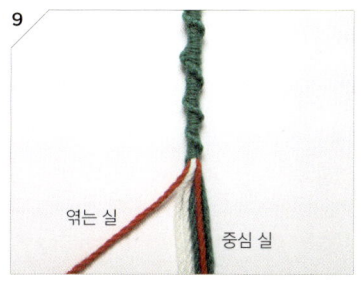

9 실을 모두 합쳐주고, 매듭실 A에서 빨간색 실 1줄(엮는 실)만 왼쪽으로 빼낸다.

10 빨간색 실로 손목 둘레에 맞을 때까지 과정5~과정7을 반복한다. 적당한 길이가 되면 실을 자른다.

11 6개의 줄 끝을 나무볼에 통과시키기 쉽도록 테이프로 붙이고 나무볼을 넣는다.

12 볼이 빠지지 않도록 한매듭으로 묶고, 실을 적당히 남기고 자른다.

완성!

⑩ 3가지 컬러 돌려엮기 팔찌(38쪽) ✂ 만드는 법

재료
실
매듭실 A 면 소재, 150cm×3줄
(파란색, 주황색, 밤색)

기타
나무볼 10mm 1개

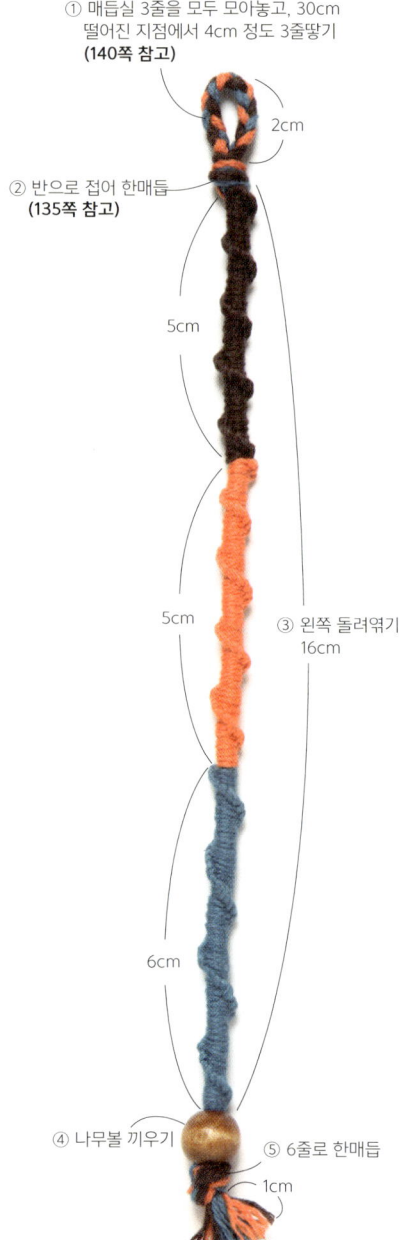

① 매듭실 3줄을 모두 모아놓고, 30cm 떨어진 지점에서 4cm 정도 3줄땋기 **(140쪽 참고)**
2cm

② 반으로 접어 한매듭 **(135쪽 참고)**

5cm

③ 왼쪽 돌려엮기 16cm

5cm

6cm

④ 나무볼 끼우기   ⑤ 6줄로 한매듭
1cm

사이즈 손목 둘레 약 15cm

※ 2가지 컬러 돌려엮기 팔찌를 참고하여 만든다.

⓫ 나무볼을 사용한 돌려엮기 팔찌(39쪽) ✂ 만드는 법

재료

실
매듭실 A 면 소재, 180cm×1줄(빨간색)
매듭실 B 면 소재, 65cm×2줄(빨간색)

기타
나무볼 10mm 4개

① 매듭실 3줄을 모두 모아놓고, 30cm 떨어진 지점에서 4cm 정도 3줄땋기 **(140쪽 참고)**
2cm
② 반으로 접어 한매듭 **(135쪽 참고)**
③ 왼쪽 돌려엮기 4cm
④ 6줄에 나무볼 끼우기
⑤ 왼쪽 돌려엮기 3cm
⑥ 6줄에 나무볼 끼우기
⑦ 왼쪽 돌려엮기 4cm
⑧ 6줄에 나무볼 끼우기
⑨ 왼쪽 돌려엮기 3cm
⑩ 나무볼 끼우기
⑪ 6줄로 한매듭
1cm

사이즈 손목 둘레 약 15cm

⑫ 두 줄 레이어드 돌려엮기 팔찌(40쪽) — 만드는 법

재료

실
매듭실 A 면 소재, 150cm×3줄
(청록색, 노란색, 진회색)

기타
나무볼 10mm 1개

① 매듭실을 모두 모아놓고, 중간 지점에서 4cm 정도 3줄땋기(140쪽 참고)를 한다.

② 3줄땋기 한 부분을 반으로 접어 한매듭 (135쪽 참고)

③ 자투리 실을 고리에 걸어 고정시켜 놓고, 실을 3줄씩(청록색, 노란색, 진회색) 두 묶음으로 나눠놓는다.

왼쪽 돌려엮기(137쪽 참고)

④ 한쪽씩 그림을 보며 왼쪽 돌려엮기와 3줄땋기를 반복한다.

3줄땋기

⑤ 나무볼 끼우기

⑥ 6줄로 한매듭

사이즈 손목 둘레 약 15cm

chapter 3

평돌기 팔찌

평돌기는 기초 중에서도 비교적 손쉬운 매듭법으로
나선형 색상 배합에 따라 독특한 느낌을 낼 수 있어요.
여러 가지 색상을 조합한 팔찌와 메탈볼을 이용한
세련된 팔찌 등의 응용작을 소개합니다.

나선형의 모양이 나오는 평돌기는
익히기 쉬운 매듭법입니다.
만드는 법 52쪽

⑬ 뱅글뱅글 평돌기 팔찌

평돌기 매듭 사이에 메탈볼을 넣어
새로운 느낌을 연출합니다.
만드는 법 54쪽

14
메탈볼을
사용한
평돌기 팔찌

⓭ 뱅글뱅글 평돌기 팔찌(50쪽) ✂ 만드는 법

재료

실
매듭실 A 면 소재, 150cm×2줄
(자주색, 청록색)
매듭실 B 면 소재, 65cm×1줄(흰색)

기타
나무볼 10mm 1개

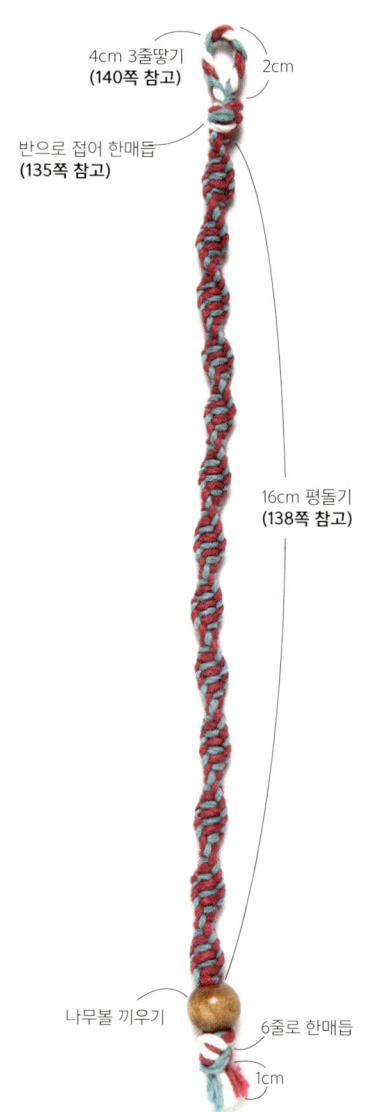

- 4cm 3줄땋기 (140쪽 참고)
- 2cm
- 반으로 접어 한매듭 (135쪽 참고)
- 16cm 평돌기 (138쪽 참고)
- 나무볼 끼우기
- 6줄로 한매듭
- 1cm

사이즈 손목 둘레 약 15cm

1

매듭실 3줄의 한쪽 끝을 맞추고, 30cm 떨어진 지점을 고정한 뒤 4cm 정도 3줄땋기를 한다. 3줄땋기 한 부분을 반으로 접고 한매듭으로 묶어 고리를 만든다.

2

자투리 실을 고리에 걸고 테이프나 집게로 고정한다. 엮는 실이 되는 매듭실 A의 자주색과 청록색 실을 1줄씩 양쪽으로 빼놓는다. 중심 실이 되는 나머지 실들은 가운데로 모아놓는다.

3
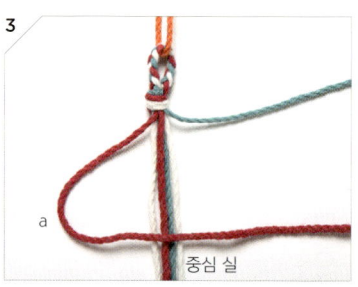

a(엮는 실)를 중심 실 위로 올린다.

4
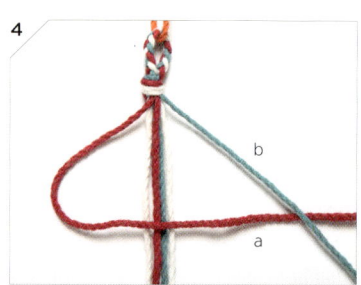

b(엮는 실)를 a 위로 올린다.

5
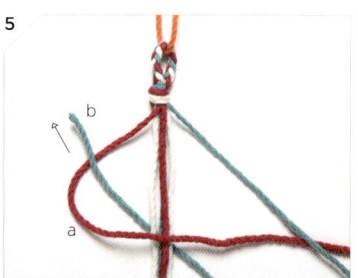

b를 중심 실 아래로 통과시키고 a 위로 꺼낸다.

6
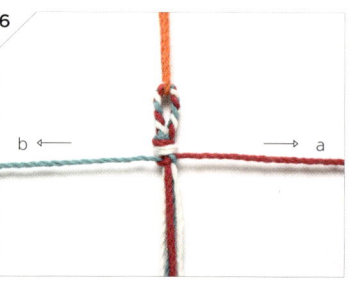

b와 a를 양쪽으로 당긴다.

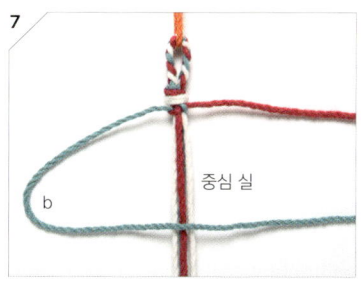

이번에는 b를 중심 실 위로 올린다.

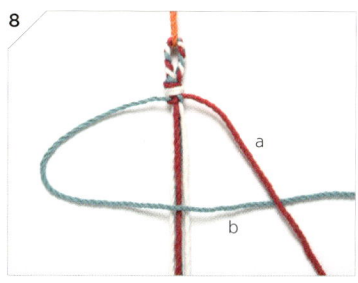

a를 b 위로 그림과 같이 배치한다.

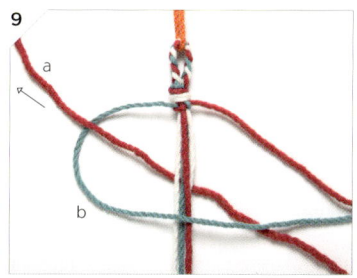

a를 중심 실 아래로 통과시키고 b 위로 꺼낸다.

a와 b를 양쪽으로 당긴다.

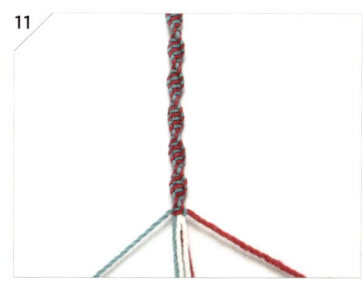

손목 둘레에 맞는 길이가 될 때까지 과정3~과정10을 반복한다.

완성되면 6개의 줄을 나무볼에 모두 넣어 한매듭으로 묶고, 실을 적당히 남기고 자른다.

완성!

14 메탈볼을 사용한 평돌기 팔찌(51쪽) 만드는 법

재료

실
매듭실 A 자수용 실, 150cm×2줄
(무지개색)
매듭실 B 자수용 실, 65cm×1줄
(무지개색)

기타
메탈볼 3mm 11개
마감장식 메탈볼 10mm 1개

① 매듭실을 모두 모아 30cm 떨어진 지점에서 4cm 정도 3줄땋기(140쪽 참고)를 한다.
2cm
② 3줄땋기 한 부분을 반으로 접어 한매듭(135쪽 참고)으로 묶는다.
③ 평돌기매듭(138쪽 참고)
5cm
④ 메탈볼을 넣고 평돌기매듭 5세트씩 반복한다.
6cm
⑤ 평돌기매듭
5cm
⑥ 마감장식 메탈볼을 넣고 한매듭으로 묶는다.

사이즈 손목 둘레 약 15cm

레이스엮기 팔찌

레이스엮기는 차분하고 가지런한 매듭법입니다.
힘 조절과 매듭의 개수에 따라 곡선 모양이 달라져
다양한 응용 작품을 만들 수 있습니다.
레이스엮기의 기본적인 작품부터 여러 모양의 곡선을
표현한 작품을 소개합니다.

15 가지런한 느낌의 레이스엮기 팔찌

장식이나 소품을 꾸밀 때 유용한 레이스엮기로 만든 팔찌로 단단하고 가지런한 느낌이 매력입니다.

만드는 법 64쪽

16 좌우대칭 곡선의 레이스엮기 팔찌

좌우로 레이스엮기의 방향을 바꿔가며 재미있는 곡선을 만듭니다.

만드는 법 66쪽

난이도를 조금 높여서 레이스엮기와
평매듭을 자유롭게 활용한 작품입니다.
만드는 법 68쪽

⑰ 8자 패턴
레이스엮기
팔찌

18 그물 모양의 레이스엮기 팔찌

레이스엮기의 좌우 방향을 이용, 실을 교차하여 그물 모양의 매듭 팔찌를 만들어봅니다.
만드는 법 71쪽

⑲ 좌우교차 레이스엮기 팔찌

차분하면서도 느낌있는 매듭팔찌를 만들어봅니다.
만드는 법 74쪽

기본 레이스엮기에
비즈를 추가하면 색다른
느낌의 매듭 팔찌를 만들
수 있습니다.
만드는 법 75쪽

20 비즈를 사용한 레이스엮기 팔찌

⑮ 가지런한 느낌의 레이스엮기 팔찌(58쪽) 만드는 법

재료
실
매듭실 A 마 소재, 230cm×1줄
(무지개색)
매듭실 B 마 소재, 65cm×2줄(베이지색)

기타
나무볼 10mm 1개

4cm 3줄땋기
(140쪽 참고) 2cm
반으로 접어 한매듭
(135쪽 참고)
왼쪽 레이스엮기
(138쪽 참고)
16cm
나무볼 끼우기
6줄로 한매듭
1cm

사이즈 손목 둘레 약 15cm

1. 매듭실 3줄의 한쪽 끝을 맞추고, 30cm 떨어진 지점을 고정한 뒤 4cm 정도 3줄땋기를 한다. 3줄땋기 한 부분을 반으로 접고 한매듭으로 묶어 고리를 만든다.

2. 고리를 고정해놓고, 긴 실 1줄(엮는 실)을 왼쪽에, 오른쪽에 나머지 짧은 5줄(중심 실)을 모아둔다.

3. 엮는 실을 중심 실 위로 올린다.

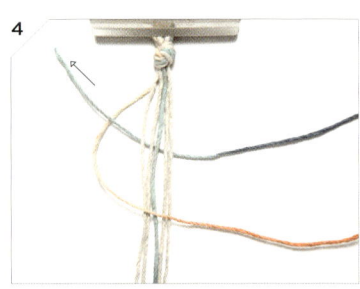

4. 엮는 실을 중심 실 아래로 통과시키고, 엮는 실의 고리 위로 꺼낸다.

5. 엮는 실을 당긴다.

6. 엮는 실을 중심 실 아래로 놓는다.

7
엮는 실을 다시 중심 실 위로 올리고,
엮는 실 고리 아래로 통과시킨다.

8
엮는 실을 당겨준다.
※과정3~과정8까지
왼쪽 레이스엮기(138쪽 참고) 1세트.

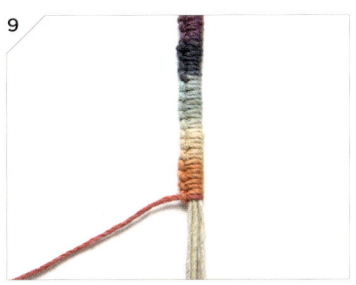

9
손목 둘레에 맞는 길이가 될 때까지
과정3~과정8을 반복한다.

10
완성되면 6개의 줄을 나무볼에 모두 넣어 한매듭으로 묶고,
실을 적당히 남기고 자른다.

11
완성!

⑯ 좌우대칭곡선의 레이스엮기 팔찌(59쪽) 만드는 법

재료

실
매듭실 A 면 소재, 180cm×2줄
(초록색, 보라색)
매듭실 B 면 소재, 85cm×1줄(자주색)

기타
나무볼 10mm 1개

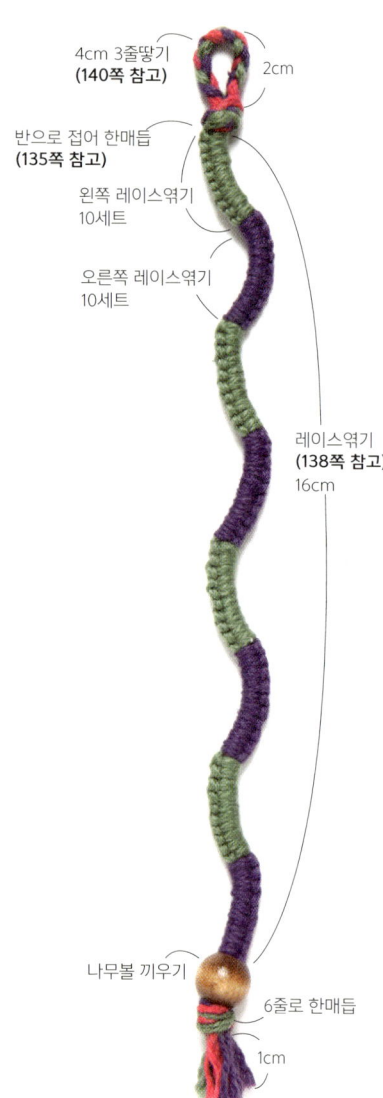

- 4cm 3줄땋기 (140쪽 참고)
- 2cm
- 반으로 접어 한매듭 (135쪽 참고)
- 왼쪽 레이스엮기 10세트
- 오른쪽 레이스엮기 10세트
- 레이스엮기 (138쪽 참고) 16cm
- 나무볼 끼우기
- 6줄로 한매듭
- 1cm

사이즈 손목 둘레 약 15cm

1

매듭실 3줄의 한쪽 끝을 맞추고, 40cm 떨어진 지점을 고정한 뒤 4cm 정도 3줄땋기를 한다. 3줄땋기 한 부분을 반으로 접어 한매듭으로 묶어 고리를 만든다.

2

a(엮는 실) 중심 실

고리를 고정해놓고, 긴 실 중 초록색 실 1줄(a, 엮는 실)을 왼쪽에, 오른쪽에 나머지 실 5줄을(중심 실) 모아둔다.

3

a(엮는 실)를 중심 실 위로 올린다.

4

다시 a를 중심 실 아래로 통과시키고, a의 고리 위로 꺼낸다.

5

a를 잡아당겨 조인다.

6

①다시 a를 중심 실 아래로 넣는다.
②다시 위로 통과시키고, a의 고리 아래로 빼낸다.

a를 삽아낭겨 조인다.
※과정3~과정7까지
왼쪽 레이스엮기(138쪽 참고) 1세트.

과정3~과정7을 9번 더 반복한다
※왼쪽 레이스엮기 총 10세트.

긴 실 중 보라색 실 1줄(b, 엮는 실)을
① 중심 실 위로 올린다.
②다시 중심 실 아래로 통과시키고,
b의 고리 위로 꺼낸다.

b를 세게 잡아당긴다.

b를 ①중심 실 아래로 넣는다. ②다시
위로 통과시키고, b의 고리 아래로
빼낸다.

b를 잡아당겨서 조인다.
※과정9~과정12까지
오른쪽 레이스엮기(138쪽 참고) 1세트.

과정9~과정12를 9번 더 반복한다
(오른쪽 레이스엮기 총 10세트).

손목 둘레에 맞을 때까지
과정3~과정13을 반복한다. 완성되면
6개의 줄을 나무볼에 모두 넣어
한매듭으로 묶고, 실을 적당히 남기고
자른다.

완성!

⑰ 8자 패턴 레이스엮기 팔찌(60쪽) 만드는 법

재료

실
매듭실 A 면 소재, 2m×2줄(카키색)
매듭실 B 면 소재, 85cm×1줄(카키색)

기타
나무볼 10mm 1개

- 4cm 3줄땋기 **(140쪽 참고)**
- 2cm
- 반으로 접어 한매듭 **(135쪽 참고)**
- 왼쪽, 오른쪽 레이스 엮기 **(138쪽 참고)** 10세트씩
- 평매듭**(136쪽 참고) 2세트**
- 16cm
- 나무볼 끼우기
- 6줄로 한매듭
- 1cm

사이즈 손목 둘레 약 15cm

1. 매듭실 3줄의 한쪽 끝을 맞추고, 40cm 떨어진 지점을 고정한 뒤 4cm 정도 3줄땋기를 한다. 3줄땋기 한 부분을 반으로 접고 한매듭으로 묶어 고리를 만든다.

2. 고리를 고정한 뒤 양쪽 가장자리에 긴 실(a와 b, 엮는 실)을 각각 배치하고 가운데 부분에 짧은 실 4줄(중심 실)을 배치한다.

3. 왼쪽의 3줄을 잠시 올려두고, 오른쪽에 있는 b(엮는 실)를 중심 실 위로 올린다.

4. b를 중심 실 아래로 놓고, b의 고리 위로 꺼낸다.

5. b를 잡아당겨서 조인다.

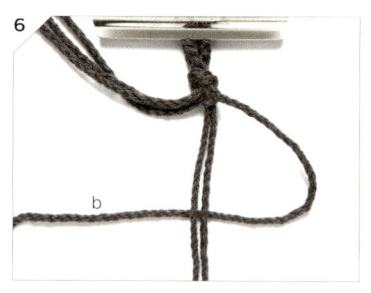

6. 다시 b를 중심 실 아래로 통과시킨다.

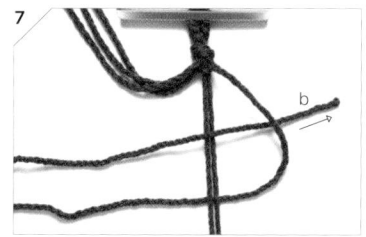

7
b를 중심 실 위로 올리고, b의 고리 아래로 빼낸다.

8
b를 잡아당겨서 조인다.
※과정3~과정8까지 오른쪽 레이스엮기(138쪽 참고) 1세트.

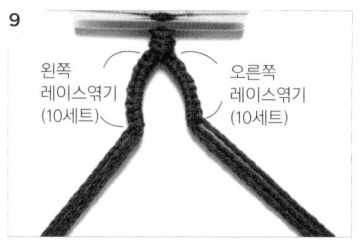

9
과정3~과정8을 9번 더 반복하여 오른쪽 레이스엮기 총 10세트를 한다. 왼쪽에 남겨두었던 실들은 대칭이 되도록 왼쪽 레이스엮기(138쪽 참고) 10세트를 한다.

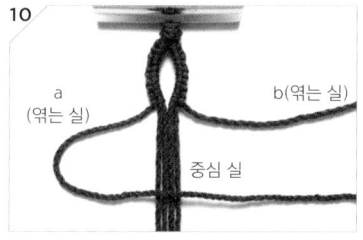

10
a, b(엮는 실)를 양쪽으로 배치하고 가운데 부분에 중심 실 4개를 모아놓는다. a를(엮는 실) 중심 실 위로 올린다.

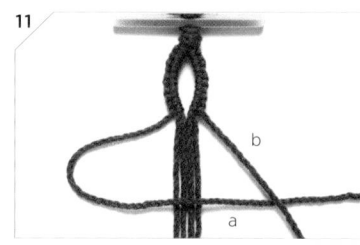

11
b를 a 위로 올린다.

12
b를 중심 실 아래로 통과시키고, a의 고리 위로 꺼낸다.

13
b와 a를 양쪽으로 잡아당겨서 조인다.

14
a를 중심 실 위로 올린다.

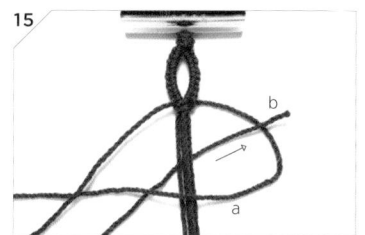

15
b를 a 위로 올리고, 중심 실 아래로 통과시켜 a의 고리 위로 꺼낸다.

a와 b를 양쪽으로 잡아당겨서 조인다.
과정10~과정16까지 1번 더 반복한다
(평매듭 총 2세트).

손목 둘레에 맞을 때까지 과정3~과정16을 반복한다. 완성되면 6개의 줄을 나무볼에 모두 넣어 한매듭으로 묶고, 실을 적당히 남기고 자른다.

완성!

18 그물 모양의 레이스엮기 팔찌 (61쪽) ✂ 만드는 법

재료
실
매듭실 A 면 소재, 2m×2줄 (진회색, 흰색)
매듭실 B 면 소재, 70cm×1줄 (빨간색)

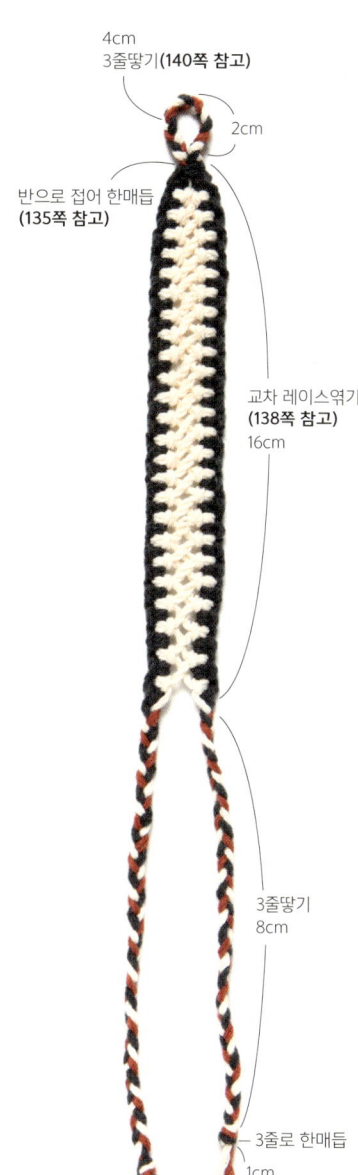

4cm
3줄땋기 (140쪽 참고)
2cm
반으로 접어 한매듭 (135쪽 참고)
교차 레이스엮기 (138쪽 참고) 16cm
3줄땋기 8cm
3줄로 한매듭 1cm

사이즈 손목 둘레 약 15cm

1. 매듭실 3줄을 각각 반으로 접어 겹친 후 가운데 지점을 4cm 정도 3줄땋기를 한다. 3줄땋기 한 부분을 반으로 접고 한매듭으로 묶어 고리를 만든다.

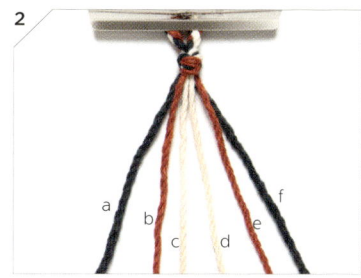

2. 매듭실 A의 진회색 실(a, f)은 양쪽 가장자리로, 매듭실 A의 흰색 실(c, d)은 가운데로, 매듭실 B의 빨간색 실(b, e)은 매듭실 A의 사이에 오도록 놓는다.

3. a(엮는 실)를 b(중심 실) 위로 올린다.

4. a를 b 아래로 넣고, 다시 a의 고리 위로 꺼낸다.

5. a를 단단히 잡아당겨서 조인다.

6. a를 b 아래에 놓은 다음,

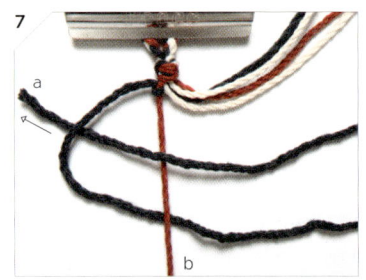

a를 b 위로 올리고,
a의 고리 아래로 빼낸다.

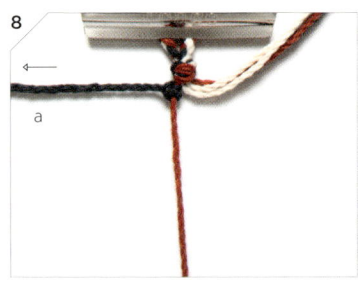

a를 단단히 잡아당겨서 조인다.
※과정3~과정8까지 왼쪽 레이스엮기
(138쪽 참고) 1세트.

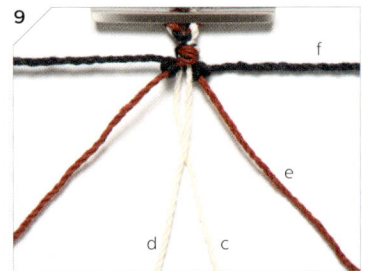

오른쪽에 있는 매듭실(e, f)로 오른쪽
레이스엮기(138쪽 참고) 1세트를 해준다.
가운데 있는 흰색 실(c, d)을 X자로
교차시킨다.

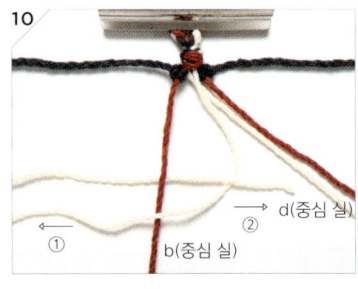

d(엮는 실)를 b(중심 실) ①위에서
②아래로 통과시켜, d의 고리 위로
꺼낸다.

d를 당긴다.

단단히 잡아당겨서 조인다.

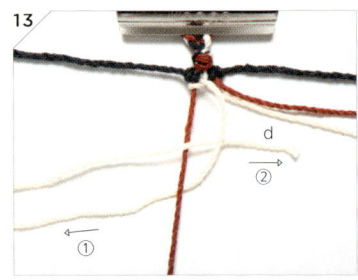

d를 b의 ①아래에서 ②위로 통과시키고,
d의 고리 아래로 빼낸다.

d를 당긴다.

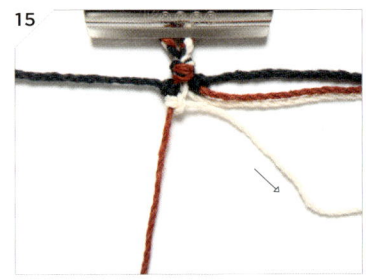

단단히 잡아당겨서 조인다.
※과정10~과정15까지
오른쪽 레이스엮기 1세트.

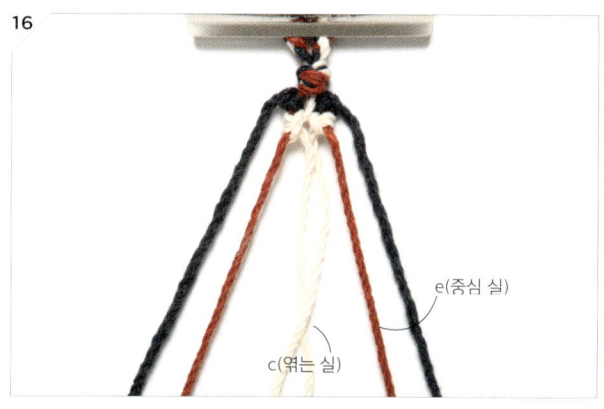

c(엮는 실)와 e(중심 실)로 오른쪽 레이스엮기 1세트를 한다.

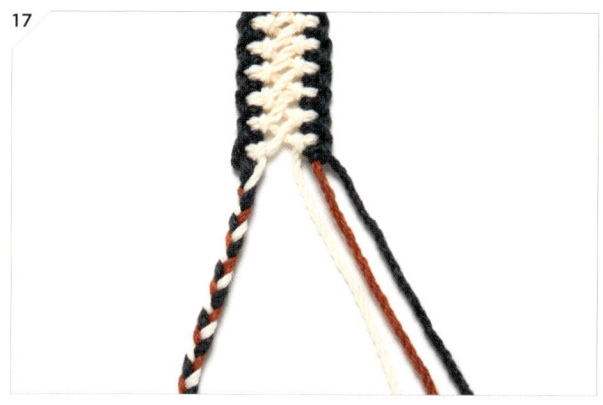

손목 둘레에 맞을 때까지 과정3~과정16을 반복한다. 완성되면 3줄씩 반으로 나눠 각각 7cm씩 3줄땋기를 한다.

3줄땋기 한 끝부분을 한매듭으로 묶으면 완성!

⑲ 좌우교차 레이스엮기 팔찌(62쪽) 만드는 법

재료
실
매듭실 A 면 소재, 2m×2줄
(청록색, 연보라색)
매듭실 B 면 소재, 65cm×1줄(베이지색)

기타
나무볼 10mm 1개

① 매듭실 3줄의 30cm 떨어진 지점에서 3줄땋기(140쪽 참고)
② 3줄땋기 한 부분을 반으로 접어 한매듭(135쪽 참고)
③ 왼쪽, 오른쪽 레이스엮기(138쪽 참고) 1세트씩 반복
④ 나무볼 끼우기
⑤ 6줄로 한매듭

2cm / 16cm / 1cm

사이즈 손목 둘레 약 15cm

⑳ 비즈를 사용한 레이스엮기 팔찌(63쪽) 만드는 법

재료

실
매듭실 A 마 소재, 2m×1줄(자주색)
매듭실 B 마 소재, 65cm×2줄(베이지색)

기타
블루 터키석 라운드 비즈 3mm 17개
나무볼 10mm 1개

- 2cm
- ① 매듭실 3줄을 모두 모아 30cm 떨어진 지점에서 3줄땋기(140쪽 참고)를 한다.
- ② 3줄땋기 한 부분을 반으로 접어 한매듭(135쪽 참고)
- ③ 왼쪽 레이스엮기 4cm
- ④ 비즈 넣고 왼쪽 레이스엮기 1세트씩 반복한다. 8cm
- ⑤ 왼쪽 레이스엮기 4cm
- ⑥ 나무볼 끼우기
- ⑦ 6줄로 한매듭
- 1cm

사이즈 손목 둘레 약 15cm

chapter 5

좌우엮기 팔찌

좌우엮기는 양쪽을 번갈아가며 엮는 매듭법으로
다른 매듭법보다 탄성이 좋습니다.
기본적인 팔찌와 로프줄을 이용한
응용 팔찌를 소개합니다.

㉑ 기본적인 좌우엮기 팔찌

좌우의 실을 번갈아가며 서로 엮어, 탄성을 살린 좌우엮기 팔찌예요.

만드는 법 80쪽

22
좌우엮기와 3줄땋기를 이용한 도톰한 팔찌

좌우엮기 3줄을 만들어 땋으면
도톰한 팔찌가 완성됩니다.
만드는 법 82쪽

23
로프줄로 만든 좌우엮기 팔찌

로프줄을 이용해서 쉽고 빠르게
만드는 팔찌예요. 초보자도 쉽게
도전해 볼 수 있어요.
만드는 법 83쪽

㉑ 기본적인 좌우엮기 팔찌 (78쪽) 만드는 법

재료

실
매듭실 A 면 소재, 150cm×4줄
(녹색 2줄, 자주색 2줄)

기타
나무볼 10mm 1개

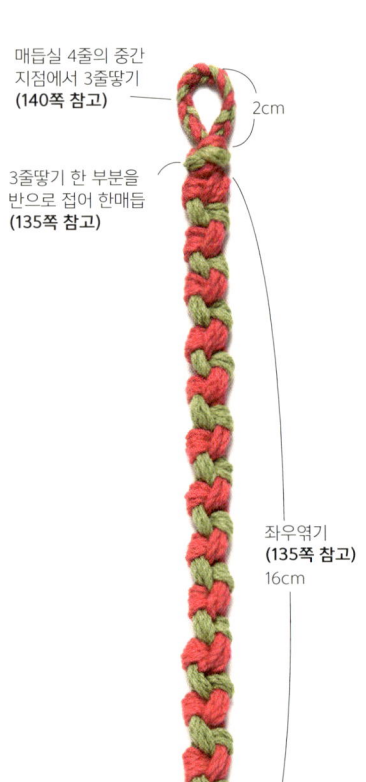

- 매듭실 4줄의 중간 지점에서 3줄땋기 **(140쪽 참고)**
- 2cm
- 3줄땋기 한 부분을 반으로 접어 한매듭 **(135쪽 참고)**
- 좌우엮기 **(135쪽 참고)** 16cm
- 나무볼 끼우기
- 8줄로 한매듭
- 1cm

사이즈 손목 둘레 약 15cm

1

매듭실 4줄의 중간 지점에서 4cm 정도 3줄땋기를 한다. 3줄땋기 한 부분을 반으로 접고 한매듭으로 묶어 고리를 만든다(4개의 줄이므로 2개의 줄을 하나의 줄이라 가정하고 3줄땋기를 해준다).

2

고리를 고정해놓고, 실을 색상별로 나눈다.

3

b(엮는 실)를 a(중심 실) 위로 올린다.

4
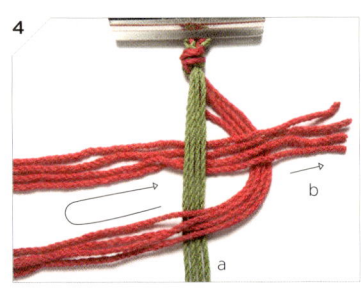

b를 a에 한 바퀴 감아서 위로 빼낸다.

5

b를 잡아당긴다.

6

세게 조인다.

a(엮는 실)를 b(중심 실) 위로 올린다.

a를 b에 한 바퀴 감아서 위로 빼낸다.

a를 잡아당겨서 조인다.
손목 둘레에 맞을 때까지
과정3~과정9를 반복한다.
※ 과정3~과정9까지
좌우엮기(135쪽 참고) 1세트.

완성되면 8개의 줄을 나무볼에 모두 넣어 한매듭으로 묶고,
실을 적당히 남기고 자른다.

완성!

22 좌우엮기와 3줄땋기를 이용한 도톰한 팔찌(79쪽) ✂ 만드는 법

재료
실
매듭실 A 면 소재, 150cm×3줄
(황토색, 분홍색, 카키색)
기타
나무볼 10mm 1개

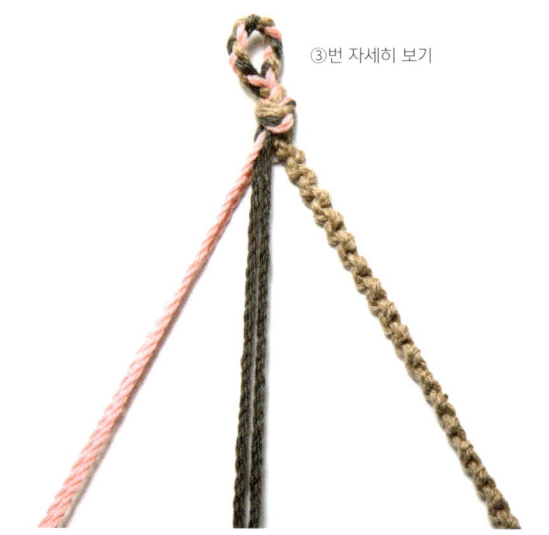

③번 자세히 보기

① 매듭실 3줄의 중간 지점에서 4cm 정도 3줄땋기(140쪽 참고)를 한다.
② 3줄땋기 한 부분을 반으로 접어 한매듭(135쪽 참고)으로 묶는다.
③ 같은 색상별로 좌우엮기(135쪽 참고)를 각각 17cm 만든다. 좌우엮기를 만든 3개의 줄로 3줄땋기를 한다.
④ 고정하기 위해 모든 줄을 묶은 뒤 나무볼을 넣고 다시 묶어 마무리한다.

사이즈 손목 둘레 약 15cm

㉓ 로프줄로 만드는 좌우엮기 팔찌(79쪽) ✂ 만드는 법

1 로프줄을 반으로 접는다.

2 반으로 접은 로프줄을 버클에 넣는다.

재료
실
매듭실 A 로프줄, 130cm×1줄(빨간색)
기타
버클 10mm 1개

3 a를 고리 밖으로 빼낸다.

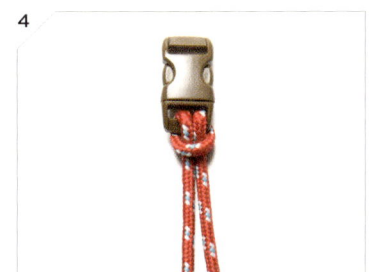

4 버클에 로프줄을 고정한 모습.

5 손목 둘레에 맞을 때까지 좌우엮기(135쪽 참고)를 반복한다. 끝부분을 버클에 넣고 평매듭(136쪽 참고) 3세트를 해서 고정한다.

6 완성!

로프줄에 버클 끼우기

좌우엮기 (135쪽 참고) 16cm

평매듭(136쪽 참고) 3세트

버클에 끼우기

사이즈 손목 둘레 약 15cm

chapter 6

기타 매듭 팔찌 (땋기, 접기, 말기)

땋기는 머리를 땋을 때 많이 쓰이는 방법으로 여기서는
3줄땋기, 4줄땋기, 6줄땋기를 다룹니다.
접기와 말기만을 이용한 팔찌 만드는 방법도 함께 소개합니다.

㉔ 3줄땋기 팔찌와 발찌

얇은 실로 간단한 3줄땋기 매듭법을 활용해 만든 팔찌와 발찌입니다.
만드는 법 90쪽

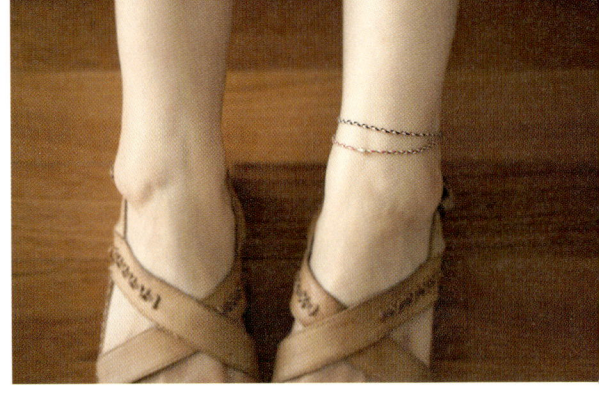

㉕ 4줄땋기 팔찌
4줄땋기로 간단하게 팔찌를 만들어봅니다.
만드는 법 91쪽

㉖ 6줄땋기 팔찌
6줄땋기로 간단하게 팔찌를 만들어봅니다.
만드는 법 92쪽

27 둥근 4줄접기 팔찌

한 줄씩 접어 만드는 기법의 매듭 팔찌입니다.
만드는 법 93쪽

㉘ 사각 4줄접기 팔찌

시계방향과 반시계방향으로
번갈아서 접기를 반복해서 만드는
팔찌입니다.
만드는 법 95쪽

㉙ 돌돌 말아엮기 팔찌

자투리 실을 활용해 중심
실에 엮는 실을 돌돌 말아서
엮어 완성하는 팔찌입니다.
만드는 법 96쪽

24 3줄땋기 발찌 만들기(86쪽) 만드는 법

재료
실
매듭실 십자수 실, 150cm 6줄
(검은색, 흰색 2줄, 황토색, 자주색, 연두색)

① 6줄로 한매듭(135쪽 참고)

② 3줄땋기(140쪽 참고)
28cm

※ 중간에 메탈볼을 끼운다

③ 6줄로 한매듭

1cm

※ 팔찌는 한 가닥(3줄)으로만 만들면 된다.

사이즈 발목 둘레 21cm

㉕ 4줄땋기 팔찌(87쪽) 만드는 법

재료
실
매듭실 면 소재, 80cm×4줄
(파란색, 주황색, 초록색, 다홍색)

기타
나무볼 10mm 1개

① 매듭실 4줄을 반으로 접어 4cm 정도 3줄땋기를 한다(4개의 줄이므로 2개의 줄을 하나의 줄이라 가정하고 3줄땋기(140쪽 참고)를 한다).

2cm

② 3줄땋기 한 부분을 반으로 접어 한매듭(135쪽 참고)

③ 4줄땋기 **(140쪽 참고)** 16cm

④ 8줄로 한매듭
⑤ 나무볼 끼우기
⑥ 남은 실로 한매듭 1cm

사이즈 손목 둘레 약 15cm

재료

실
매듭실 면 소재, 80cm×6줄
(보라색, 연 노란색, 초록색, 진회색, 빨간색, 파란색)

기타
나무볼 10mm 1개

① 매듭실 6줄을 반으로 접어 4cm 정도 3줄땋기(140쪽 참고)를 한다(6개의 줄이므로 2줄씩 3개로 나누어 3줄땋기를 한다).

2cm

② 3줄땋기 한 부분을 반으로 접어 한매듭(135쪽 참고)

③ 6줄땋기(141쪽 참고) 16cm

④ 12줄로 한매듭
⑤ 나무볼 끼우기
⑥ 한매듭

사이즈 손목 둘레 약 15cm

㉗ 둥근 4줄접기 팔찌(88쪽) ✂ **만드는 법**

재료
실
매듭실 면 소재, 160cm×2줄
(자주색, 진회색)

기타
나무볼 10mm 1개

1. 매듭실 2줄의 중간 지점을 집게나 테이프로 고정시킨다. 4cm 정도 좌우엮기(135쪽 참고)를 하여 반으로 접고 한매듭으로 묶어 고리를 만든다.

2. 고리를 한손으로 잡고 2가지 색의 실을 십자 모양으로 배치한다.

3. 시계방향으로 1줄씩 포개는데, 먼저 a를 b 위로 올린다.

4. 두 번째로 b를 c 위로 올린다.

5. 세 번째로 c를 d 위로 올린다.

6. 이제 d를 a의 고리 아래로 통과시켜 당기는데, 각 방향으로 4개의 실을 전부 당겨준다.

- 2cm — 매듭실 2줄의 중간 지점에서 좌우엮기(135쪽 참고)
- 반으로 접어 한매듭 (135쪽 참고)
- 둥근 4줄접기 (142쪽 참고) 16cm
- 나무볼 끼우기
- 4줄로 한매듭
- 1cm

사이즈 손목 둘레 약 15cm

7

손목 둘레에 맞을 때까지
과정3~과정6을 반복한다.

8

완성되면 4개의 줄을 나무볼에
모두 넣어 한매듭으로 묶고, 실을
적당히 남기고 자른다.

9

완성!

28 사각 4줄접기 팔찌(89쪽) — 만드는 법

재료

실
매듭실 면 소재, 160cm×2줄
(빨간색, 황토색)

기타
나무볼 10mm 1개

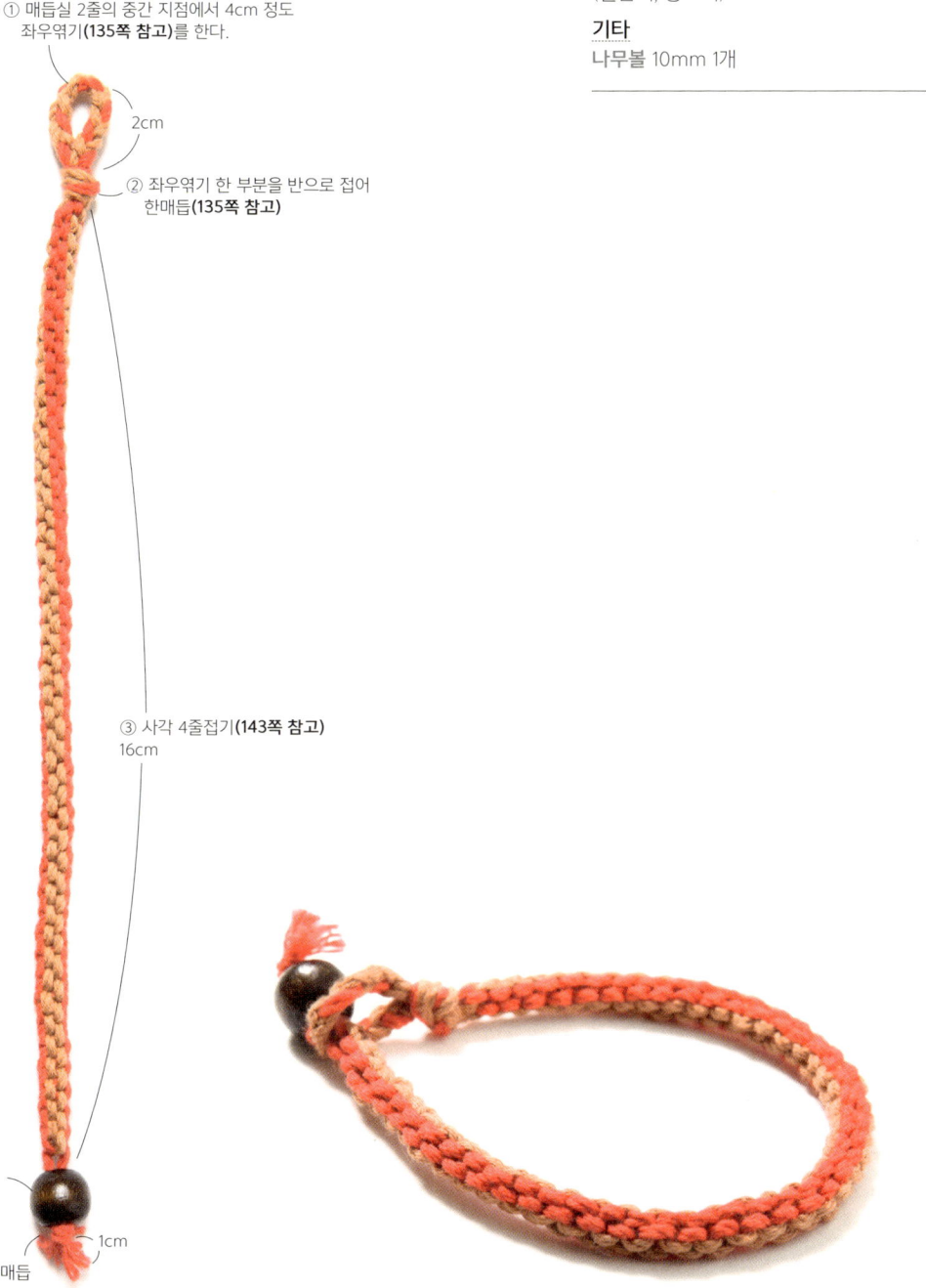

① 매듭실 2줄의 중간 지점에서 4cm 정도 좌우엮기(135쪽 참고)를 한다.

2cm

② 좌우엮기 한 부분을 반으로 접어 한매듭(135쪽 참고)

③ 사각 4줄접기(143쪽 참고) 16cm

④ 나무볼 끼우기

1cm

⑤ 4줄로 한매듭

사이즈 손목 둘레 약 15cm

29 돌돌말아엮기 팔찌(89쪽) ✂ 만드는 법

재료
실
매듭실 A 면 소재, 130cm×4줄
(밤색, 다홍색, 청록색, 베이지색)
매듭실 B 로프줄, 70cm×1줄

1

로프줄을 반으로 접는다.

2
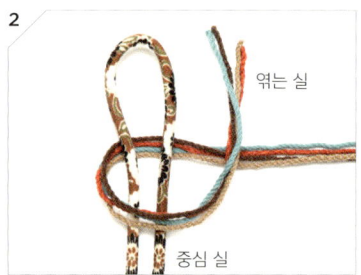
2cm 떨어진 지점에 매듭실 4줄(엮는 실)을 로프줄(중심 실)의 아래에서 위로 한 바퀴 감아올린다.

3
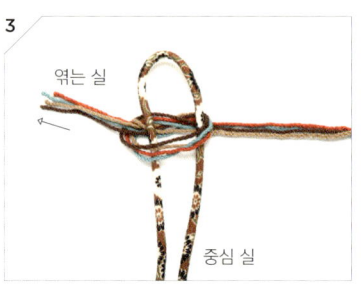
다시 엮는 실을 중심 실과 엮는 실 아래로 통과시키고, 고리로 빼낸다.

4
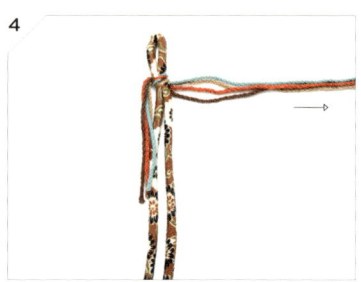
엮는 실을 잡아당겨서 조인다.

5
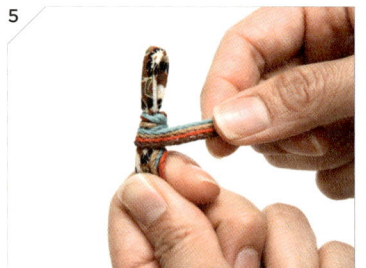
긴 쪽의 엮는 실을 중심 실에 촘촘하게 감는다.

6

손목 둘레에 맞을 때까지 돌돌 말아준다.

로프줄을 반으로 접어 한매듭 (135쪽 참고) — 2cm
돌돌말아엮기 16cm
5줄로 한매듭 — 1cm

사이즈 손목 둘레 약 15cm

7 엮는 실을 중심 실 아래로 통과시켜서 엮는 실 고리 위로 빼낸다.

8 엮는 실을 잡아당겨서 조인다.

9 엮는 실과 중심 실을 한매듭으로 묶는다.

10 적당한 길이를 남기고 자른다.

11 로프줄의 끝 부분은 집게로 찔러주면서 정리한다.

12 정리된 모습.

13 완성!

chapter 7

미산가 소원팔찌

끊어질 때까지 차고 있으면 소원이 이루어진다는
미산가 소원팔찌 만드는 법을 소개합니다.
미산가 소원팔찌의 가장 기본적인 사선 패턴, 줄무늬
패턴, 지그재그 패턴의 팔찌를 소개합니다.

30 줄무늬 패턴 소원팔찌

끊어질 때까지 차고 있으면 소원이 이루어진다는 매듭 팔찌로, 가장 기본적인 줄무늬 패턴입니다.
만드는 법 104쪽

매듭의 방향을 바꿔 지그재그
모양으로 만드는 팔찌예요.
만드는 법 106쪽

31
지그재그
패턴
소원팔찌

32 3줄 사선 패턴 소원팔찌

소원팔찌를 만드는 기본적인 매듭법으로 사선 패턴이 나타납니다.

만드는 법 108쪽

3줄 사선 패턴 매듭법과 같은 기법으로 2줄을 더해
6줄로 하면 더욱 도톰한 팔찌를 만들 수 있어요.
만드는 법 110쪽

33
6줄
사선 패턴
소원팔찌

30 줄무늬 패턴 소원팔찌(100쪽) 만드는 법

재료
실
매듭실 A 면 소재, 120cm×5줄
(보라색, 노란색, 다홍색, 청록색, 검은색)
매듭실 B 면 소재, 140cm×1줄(베이지색)

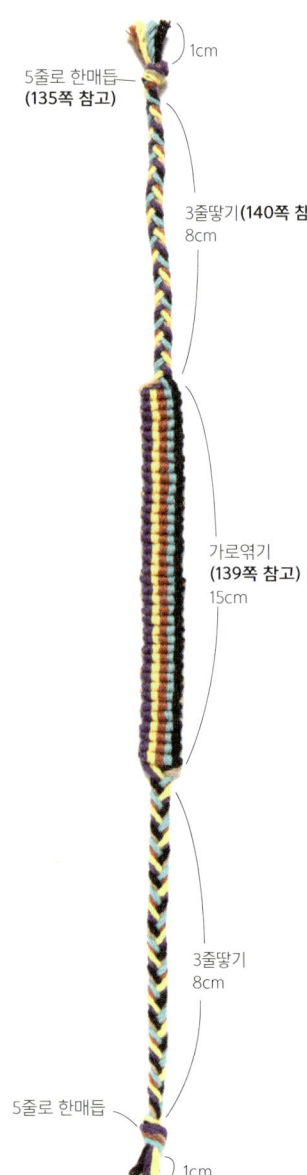

5줄로 한매듭
(135쪽 참고)
1cm

3줄땋기(140쪽 참고)
8cm

가로엮기
(139쪽 참고)
15cm

3줄땋기
8cm

5줄로 한매듭
1cm

사이즈 손목 둘레 약 15cm

1

매듭실 6줄의 끝을 나란히 맞추고, 위쪽에 20cm 정도 여분을 두고 집게로 고정한다(매듭실 B는 중심 실(a)로 왼쪽 가장자리에 놓고 나머지는 b, c, d, e, f의 순으로 배열한다).

2

a(중심 실)를 엮는 실(b, c, d, e, f)들 위에 가로방향으로 올려놓는다.
※ 왼쪽에서 오른쪽으로 가로엮기(139쪽 참고).

3

b를 a 위로 올린다.

4

다시 b를 a 아래로 넣고, b의 고리 위로 빼낸다.

5

b를 잡아당긴다.

6

세게 잡아당겨서 조인다.

과정3~과정6까지 1번 더 반복한다
(2번을 감아야 하나의 매듭이 완성된다).

나머지 엮는 실(c, d, e, f)도 가로엮기를 2번씩(과정3~과정7) 반복하면 1단이 완성된다.

1단은 왼쪽에서 오른쪽으로 가로엮기를 했으니, 2단은 오른쪽에서 왼쪽으로 가로엮기(**139쪽 참고**)를 해주면 된다. a를 처음과는 반대 방향으로 엮는 실들 위로 올려놓는다.

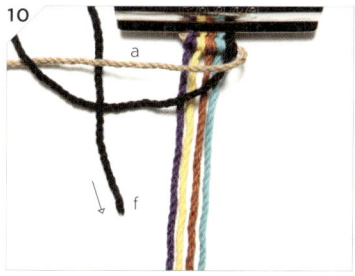

f로 a를 위에서 아래로 한 바퀴 감아 f의 고리 위로 빼낸다.

f를 잡아당겨서 조이고, 과정9~과정11까지 1번 더 반복한다.

e, d, c, b 순서로 가로엮기를 2번씩 반복해서 2단을 완성한다.
전체 길이가 15cm가 될 때까지 과정3~과정12를 반복한다.

위아래에 남겨 놓은 실은 8cm 정도 3줄땋기를 한다(실이 6줄이므로 2줄씩 나눠서 한다). 양쪽 끝부분은 한매듭으로 묶고 마무리한다.

완성!

31 지그재그 패턴 소원팔찌(101쪽) 만드는 법

재료
실
매듭실 면 소재, 120cm×4줄
(다홍색, 밤색, 청록색, 황토색)

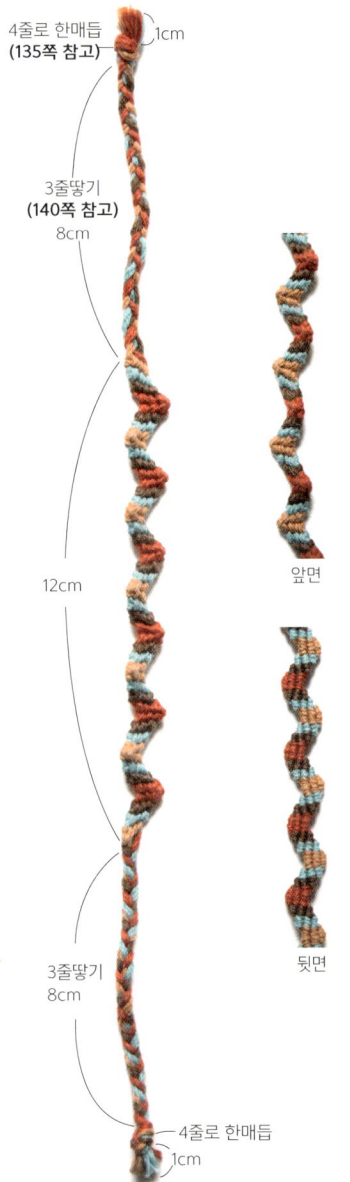

- 4줄로 한매듭 (135쪽 참고) 1cm
- 3줄땋기 (140쪽 참고) 8cm
- 12cm
- 앞면
- 뒷면
- 3줄땋기 8cm
- 4줄로 한매듭 1cm

사이즈 손목 둘레 약 15cm

1. 매듭실 4줄의 끝을 나란히 맞추고, 위쪽에 20cm 정도 여분을 두고 집게로 고정한다. 실은 a, b, c, d 순으로 배열한다.

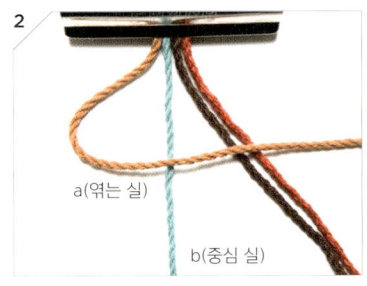

2. a를 엮는 실로, b를 중심 실로 하고 a를 b 위로 올린다.

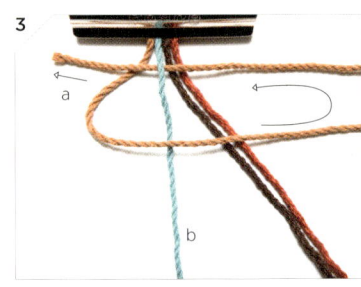

3. 다시 a를 b에 감아서 a의 고리 위로 빼낸다.

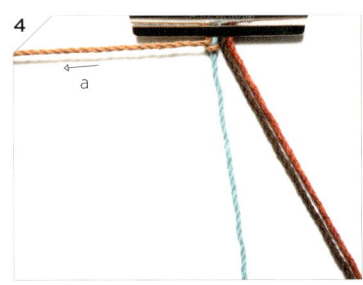

4. a를 잡아당긴다.

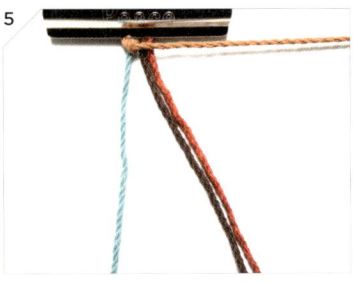

5. 과정2~과정4까지 1번 더 반복한다 (2번을 감아야 하나의 매듭이 완성된다).

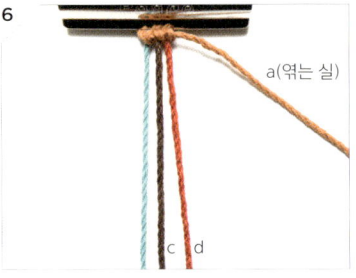

6. a를 엮는 실로, c, d를 중심 실로 하여 각각 두 번씩 가로엮기(139쪽 참고)를 해서 1단을 완성한다.

2단은 b를 엮는 실로, c, d, a를 중심 실로 하여 과정2~과정6까지와 같은 방법으로 각각 두 번씩 엮는다.

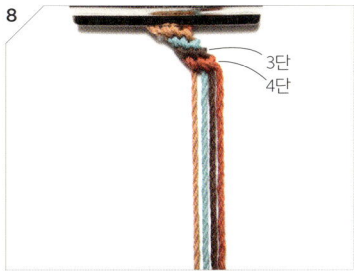

3단은 c를 엮는 실로, d, a, b를 중심 실로 각각 두 번씩 엮어준다. 4단은 d를 엮는 실로, a, b, c를 중심 실로 각각 두 번씩 엮는다. 4단까지 모두 엮으면 사선 모양이 나온다.

5단부터는 반대방향으로 엮는다. d를 엮는 실로, c를 중심 실로 하고 d를 c 위로 올린다.

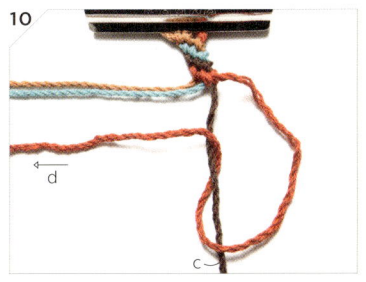

다시 d를 c에 감아서 위로 빼낸다.

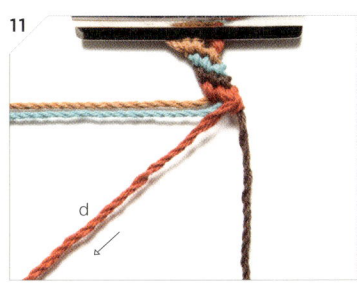

d를 잡아당겨서 조인다.

과정9~과정11까지 1번 더 반복한다 (2번을 감아야 하나의 매듭이 완성된다). d를 엮는 실로, b, a를 중심 실로 하여 각각 2번씩 가로엮기(139쪽 참고)를 해서 5단을 완성한다.

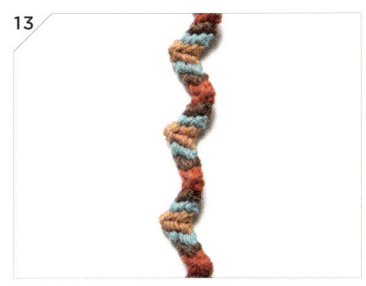

6~8단도 c, b, a를 엮는 실로 해서 순서대로 두 번씩 반복해서 엮는다. 처음 네 단을 왼쪽에서 오른쪽으로 가로엮기를 했다면 다음 네 단은 오른쪽에서 왼쪽으로 가로엮기를 한다. 12cm가 될 때까지 네 단씩 반복해서 엮는다.

위아래에 남겨 놓은 실로 8cm 정도 3줄땋기를 한다(실이 4줄이므로 2줄, 1줄, 1줄로 나눠서 3줄땋기를 한다). 양쪽 끝부분은 한매듭으로 묶고 마무리한다.

완성!

32 3줄 사선 패턴 소원팔찌(102쪽) 만드는 법

재료
실
매듭실 면 소재, 120cm×4줄
(흰색, 진회색, 다홍색, 베이지색)

- 1cm
- 4줄로 한매듭 **(135쪽 참고)**
- 3줄땋기 **(140쪽 참고)** 8cm
- 12cm
- 3줄땋기 8cm
- 4줄로 한매듭
- 1cm

사이즈 손목 둘레 약 15cm

1

매듭실 4줄의 끝을 나란히 맞추고, 위쪽에 20cm 정도 여분을 두고 집게로 고정한다. 실은 a, b, c, d 순으로 배열한다.

2
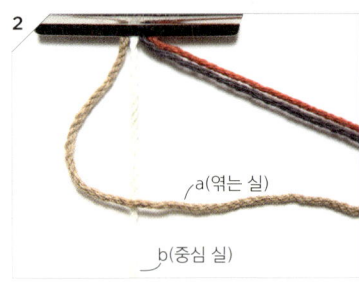

a를 엮는 실로, b를 중심 실로 하고 a를 b 위로 올린다.

3
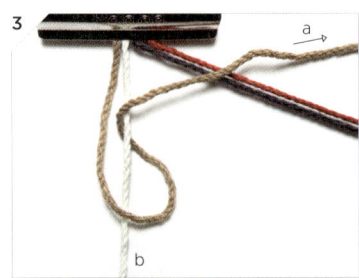

다시 a를 b에 감아서 위로 빼낸다.

4
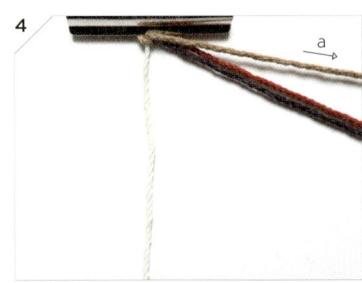

a를 잡아당긴다.

5
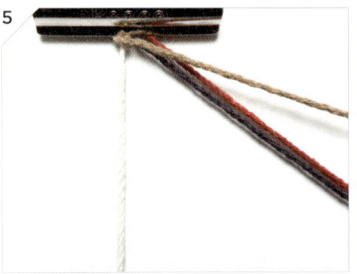

과정2~과정4까지 1번 더 반복한다 (2번을 감아야 하나의 매듭이 완성된다).

6
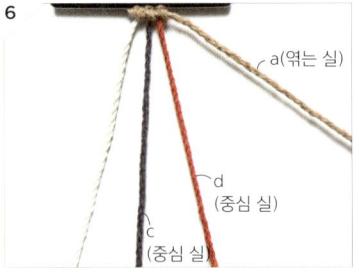

a를 엮는 실로, c, d를 중심 실로 하여 각각 2번씩 가로엮기**(139쪽 참고)**를 해서 1단을 완성한다.

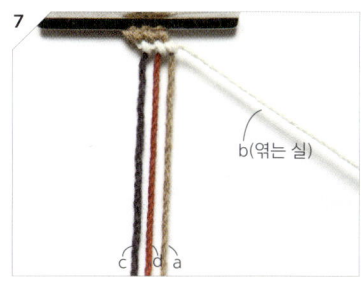 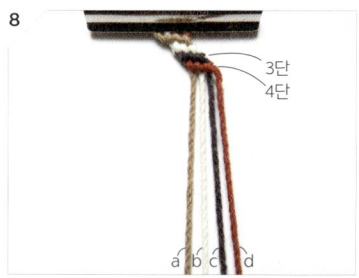 

2단은 b를 엮는 실로, c, d, a를 중심 실로 하여 과정2~과정6까지와 같은 방법으로 각각 2번씩 엮는다.

3단은 c를 엮는 실로, d, a, b를 중심 실로 각각 2번씩 엮는다. 4단은 d를 엮는 실로, a, b, c를 중심 실로 각각 2번씩 엮는다.

12cm가 될 때까지 과정2~과정8까지 반복해서 엮는다.

위아래에 남겨 놓은 실로 8cm 정도 3줄땋기를 한다(실이 4줄이므로 2줄, 1줄, 1줄로 나눠서 3줄땋기를 한다). 양쪽 끝부분은 한매듭으로 묶고 마무리한다.

완성!

③ 6줄 사선 패턴 소원팔찌(103쪽) 만드는 법

재료
실
매듭실 면 소재, 150cm×7줄
(검은색, 청록색, 노란색, 주황색, 보라색, 분홍색, 초록색)

① 5줄로 한매듭 (135쪽 참고)
② 3줄땋기 (140쪽 참고) 8cm
③ 가로엮기(139쪽 참고) 12cm
④ 3줄땋기 8cm
⑤ 5줄로 한매듭
1cm

chapter 8

매듭을
응용한 소품

팔찌를 만들면서 익힌 다양한 매듭법을 생활 속에서
활용하는 방법을 소개합니다.

34 드림캐처

나쁜 꿈을 쫓고 좋은 꿈을 불러온다는 인디언의 부적. 아련한 느낌의 소품으로 장식용이나 선물용으로 좋아요.
만드는 법 120쪽

둥근 4줄접기 매듭법을 활용해
예쁜 키홀더를 만들 수 있어요.
만드는 법 123쪽

㉟ 키홀더

36 에스닉풍 머리띠

돌려엮기와 3줄땋기 매듭법을 조합해 나만의
독특한 머리띠를 만들었어요.
만드는 법 124쪽

37 캔들 홀더

매듭을 넓게 만들어서
캔들 홀더로 사용해도 좋아요.
만드는 법 125쪽

디퓨저에 원하는 색의 실을 돌돌 감아서 풀리지 않게
매듭지으면 독특한 느낌을 연출할 수 있어요.
만드는 법 126쪽

38 디퓨저 장식

39 휴지걸이

몸통은 레이스엮기, 줄은 좌우엮기 매듭법으로 예쁜 휴지걸이를 완성했어요.
만드는 법 127쪽

보기 흉한 전등선에 자투리 실을 돌돌 말아 감으면,
멋진 분위기를 연출할 수 있어요.
만드는 법 128쪽

40 전등 장식

34 드림캐처(114쪽) 만드는 법

재료
실
매듭실 A(와이어 레이스엮기용) 면 소재, 350cm×1줄(베이지색)
매듭실 B(드림캐처 그물엮기용) 면 소재, 260cm×1줄(하늘색)
매듭실 C(장식용) 면 소재, 40cm×3줄(무지개색)
매듭실 D 투명한 끈 40cm×1줄(투명)

기타
구슬 10mm 6개
중앙 장식볼 20mm 1개
깃털 3개
와이어 지름 약 9cm 1개

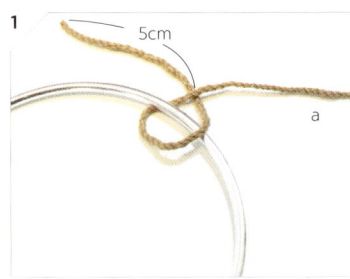

1. 매듭실 A(베이지색)를 와이어 바깥에 두고 5cm 정도 남기고 왼쪽 레이스엮기(138쪽 참고)로 묶는다. a로 와이어를 한 바퀴 감는다.

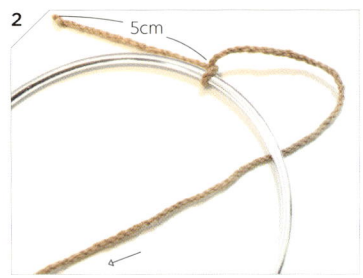

2. a를 와이어 아래로 놓는다.

왼쪽 레이스엮기 (지름 9cm)

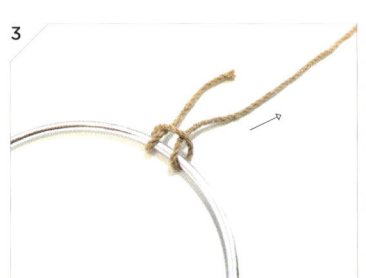

3. a를 다시 와이어 위로 올리고, a의 고리 아래로 빼낸다.

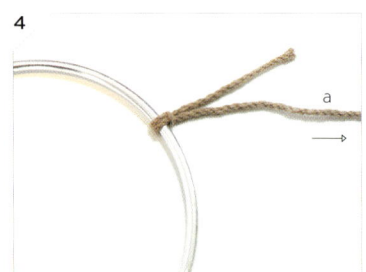

4. a를 잡아당겨서 조인다.

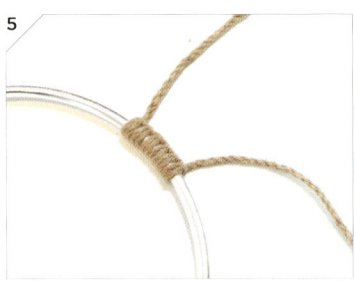

5. 과정1~과정4까지 6번 반복한 모습.

6. 와이어 전체를 감쌀 때까지 과정1~과정4를 반복한다.

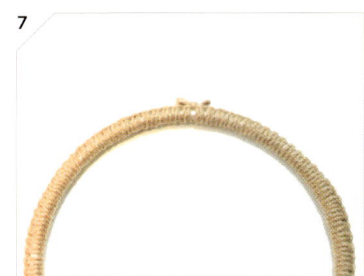

7 와이어 전체를 감으면 두 가닥의 실이 남는데, 2번 묶은 후 바짝 자른다.

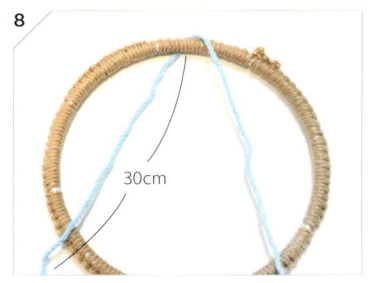

8 이번에는 매듭실 B(하늘색)를 왼쪽 부분을 30cm 정도 남기고 그림과 같이 걸쳐둔다.

9 와이어 안쪽에서 2번 묶는다.

10 와이어를 8등분하여 표시해두고, 각 부분마다 레이스엮기를 1세트씩 한다.

11 레이스엮기를 1세트씩 8번 한 모습.

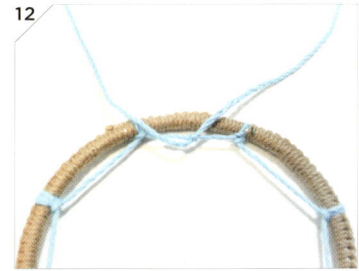

12 두 가닥의 실이 남으면 다시, 2번 묶고 매듭이 가운데 오도록 맞춘다.

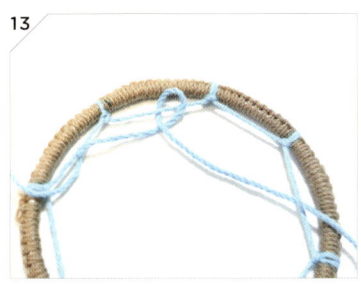

13 남은 7개의 중앙 지점에 실을 걸친다.

14 다시 두 가닥의 실이 남은 모습.

15 매듭이 가운데 부분에 오도록 2번 묶는다.

과정15까지 진행한 모습.

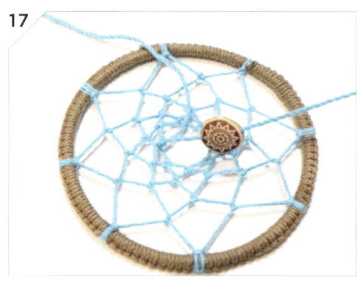

다시 엮는 실로 과정13~과정15를 반복한다. 그물 모양이 완성되면 엮는 실에 장식볼을 넣는다.

장식볼을 넣은 엮는 실을 반대쪽 그물에 묶어주고 남은 실은 자른다.

그물 완성.

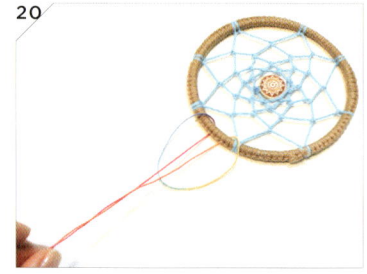

매듭실 C(무지개 색)을 준비한다. 구슬을 넣어 줄 실을 와이어에 그림과 같이 건다.

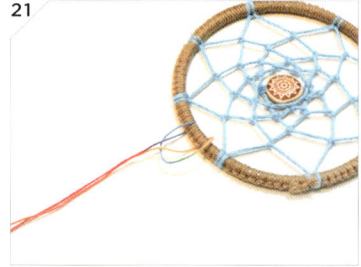

잡아당겨서 조인다.

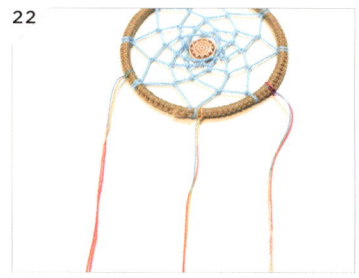

구슬을 넣을 곳을 생각하며 3군데에 실을 건다.

실 끝에 구슬을 2개씩 넣는다.

마지막으로 실에 깃털을 달고 한매듭으로 묶으면 완성!
※ 투명 끈에 걸어서 천장에 매달아준다.

35 키홀더(115쪽) 만드는 법

재료
실
매듭실 면 소재, 80cm×4줄
(분홍색 2줄, 보라색 2줄)
기타
나무볼 10mm 2개
열쇠고리 부속품 1개

① 4줄을 고리에 넣고 중심을 맞춘 후 한매듭(135쪽 참고)으로 묶는다.

② 둥근 4줄접기
(142쪽 참고, 같은 색 2줄씩)
10cm

③ 나무볼 끼우기

④ 4줄로 한매듭

1cm

재료
실
매듭실 면 소재, 3m×4줄
(보라색, 빨간색, 겨자색, 청록색)

돌려엮기 4cm

④ 3줄땋기 2cm

③ 돌려엮기
(136쪽 참고)
4cm

② 3줄땋기
(140쪽 참고)
8cm

시작방향

① 1cm 정도 남기고 4줄로
한매듭(135쪽 참고)으로 묶는다.

⑤ 4줄로 한매듭

1cm   1cm

8cm

전체 길이 68cm

③ 캔들 홀더(117쪽) 만드는 법

재료
실
매듭실 면 소재, 170cm×8줄
(카키색 2줄, 빨간색 2줄, 주황색 2줄, 연두색 2줄)

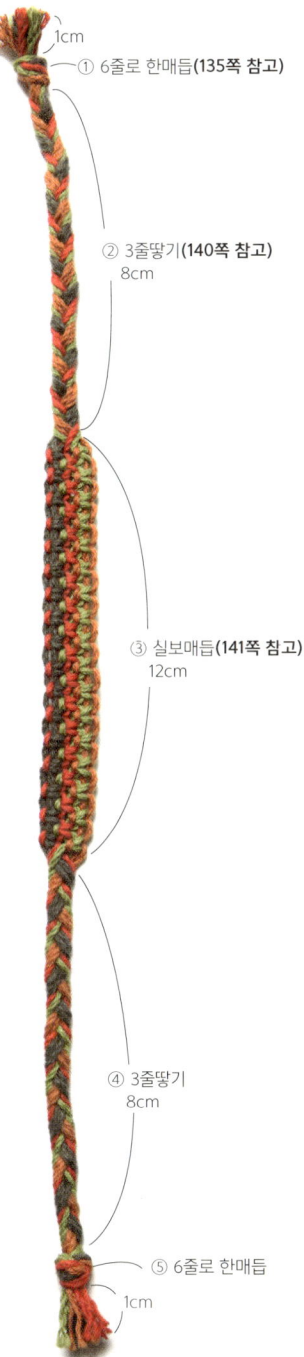

① 6줄로 한매듭(135쪽 참고) — 1cm
② 3줄땋기(140쪽 참고) 8cm
③ 실보매듭(141쪽 참고) 12cm
④ 3줄땋기 8cm
⑤ 6줄로 한매듭 1cm

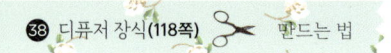

재료
실
매듭실 면 소재, 250cm×2줄(흰색, 검은색)

로프매듭(135쪽 참고)
5cm

㉟ 휴지걸이 (119쪽) 만드는 법

재료
실
매듭실 A 2m×2줄(주황색, 보라색)
매듭실 B 2m×2줄(빨간색, 연두색)
기타
철사 옷걸이(잘라서 활용)

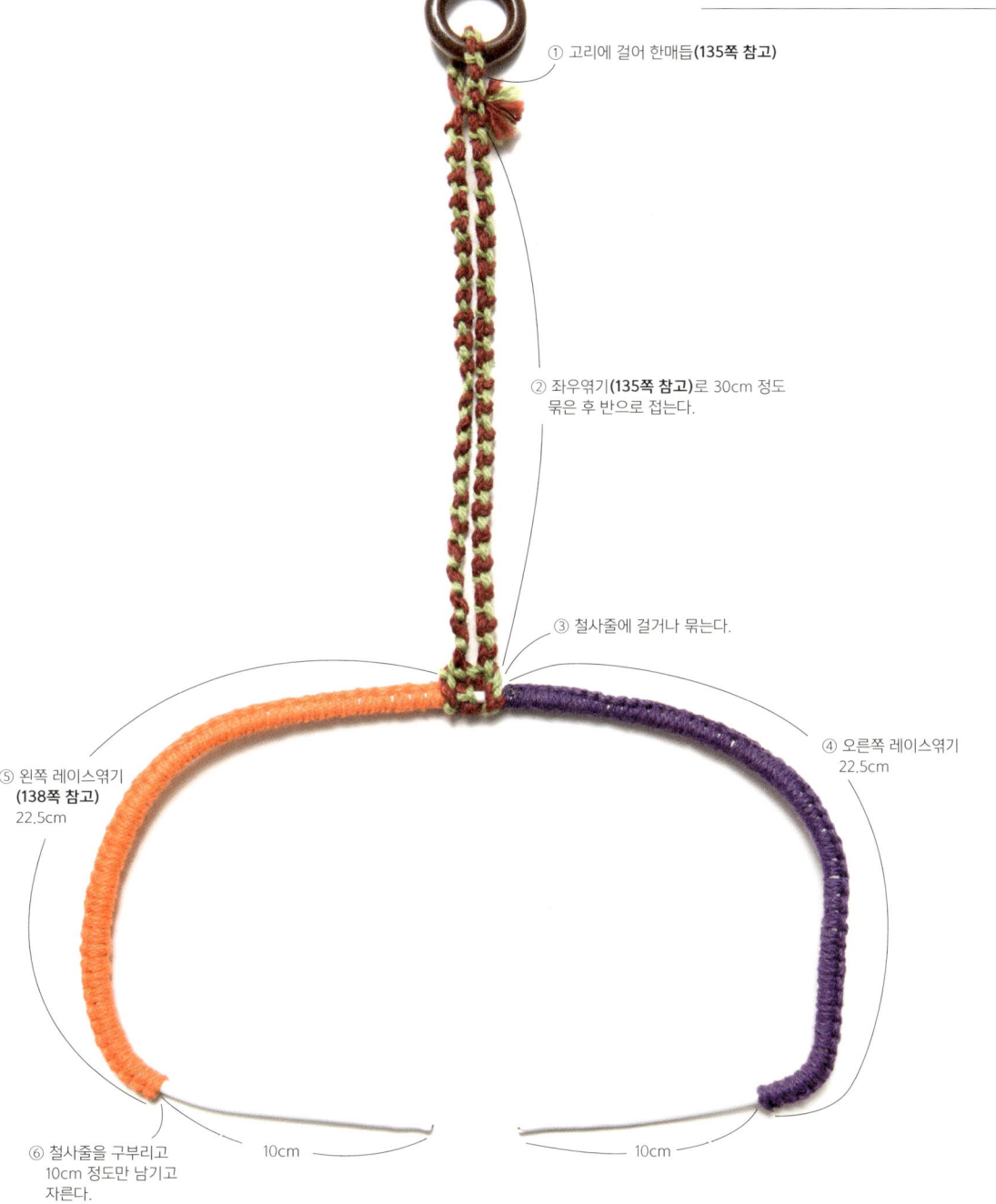

① 고리에 걸어 한매듭(135쪽 참고)
② 좌우엮기(135쪽 참고)로 30cm 정도 묶은 후 반으로 접는다.
③ 철사줄에 걸거나 묶는다.
④ 오른쪽 레이스엮기 22.5cm
⑤ 왼쪽 레이스엮기 (138쪽 참고) 22.5cm
⑥ 철사줄을 구부리고 10cm 정도만 남기고 자른다.
10cm
10cm

재료
실
매듭실 면 소재, 20~50cm
(자투리 실 80여 개 사용)

※전등 선 길이에 맞게 돌돌말아엮기 매듭법으로 완성
(96쪽 참고)

chapter 9

도구와 기법

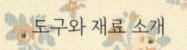
도구와 재료 소개

메탈볼

블루 터키석 라운드 비즈

나무링

접착제

가위

면 실

테이프

집게

깃털

와이어

10mm 버클

로프줄

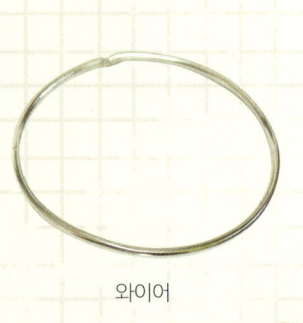

나무볼

로프줄

오링

플라스틱 장식볼

컬러볼

매듭의 기초

1. 엮는 실과 중심 실
매듭실은 엮는 실과 중심 실로 나뉘는데,
실제 모양을 내는 것이 엮는 실이고,
중심축이 되는 실이 중심 실이 됩니다.

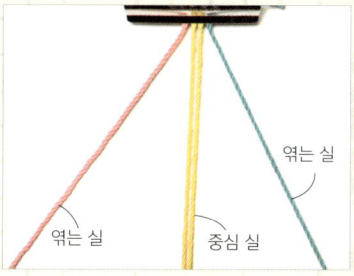

※ 엮는 실과 중심 실은 매듭법에 따라 중간에 바뀔 수도 있습니다.

2. 매듭 팔찌의 종류
매듭을 묶는 순서에 따라 세 가지로 나뉘는데, 팔찌를 착용하는 방법이 달라집니다.

① 양쪽을 묶어서 착용하는 팔찌
실을 가지런히 모으고 한쪽 끝에서부터
반대쪽 끝까지 매듭을 묶습니다.

② 고리에 마감 장식을 끼워서
착용하는 팔찌
실을 반으로 접어 매듭을 묶습니다.

③ 길이를 조절할 수 있는 팔찌
길이를 조절하기 위한 여분의 실을 남기고
한쪽 끝에서부터 반대쪽 끝까지 매듭을
묶습니다.

시작하는 방법

① 한매듭으로 고리 만들기 (135쪽 한매듭 참고)

② 3줄땋기로 고리 만들기

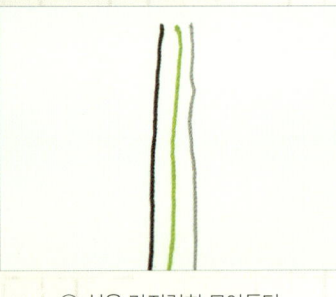

① 실을 가지런히 모아둔다.
※ 팔찌에 따라 고정해놓는 부분이 달라질 수 있다.

② 실의 중간 지점을 테이프나 집게로 고정해 놓고, 4cm 정도 3줄땋기를 한다.
※ 팔찌에 따라 고정해 놓는 부분이 달라질 수 있다.
※ 마감 장식에 따라 3줄땋는 길이를 조절한다.

③ 3줄땋기 한 부분을 반으로 접고 한매듭으로 묶는다.

마무리하는 방법

1. 끝부분을 모아놓는다.
2. 테이프를 두른다.
3. 마감 장식을 끼운다.
4. 한매듭으로 마무리하고, 1cm 정도 여분을 남기고 남은 실을 잘라낸다.

기본 매듭법

한매듭

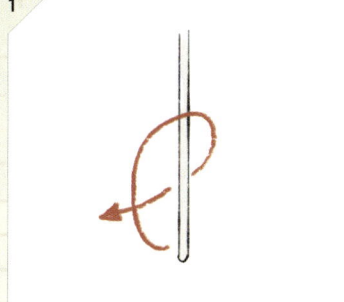
실을 화살표 방향으로 돌린다.

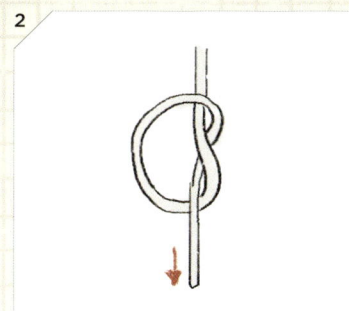
끝을 잡아당긴다.

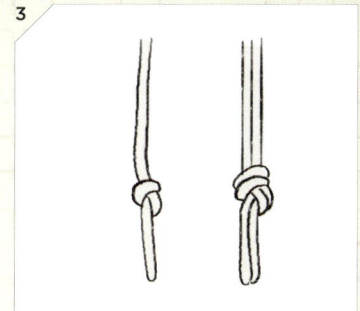
여러 줄일 때도 같은 방법으로 묶는다.

로프매듭

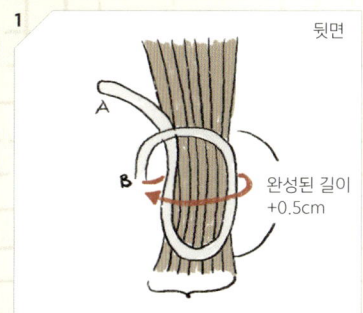
새로운 실을 그림과 같은 모양으로 중심 실 위에 놓고, B로 촘촘하게 감는다.

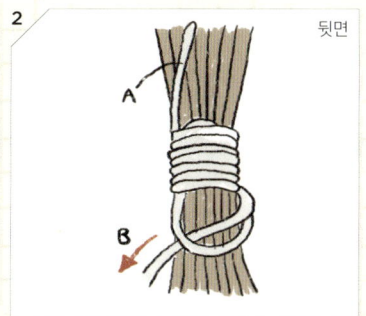
원하는 길이만큼 실을 감고, 고리 아래쪽으로 B를 통과시킨다.

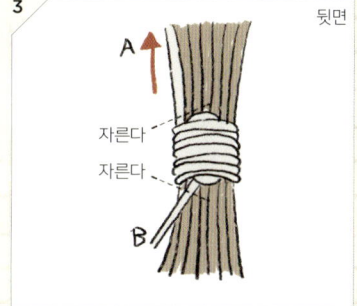
B를 잡은 상태에서 A를 위쪽으로 잡아당기면 감긴 실 안쪽으로 매듭이 만들어진다. A와 B를 바짝 자른다.

좌우엮기

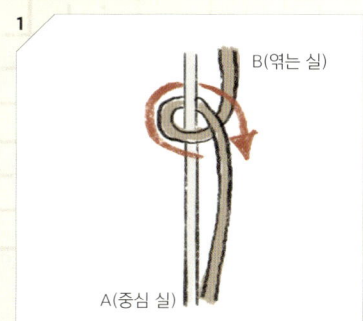
A를 중심 실로 하고 엮는 실 B를 감는다.

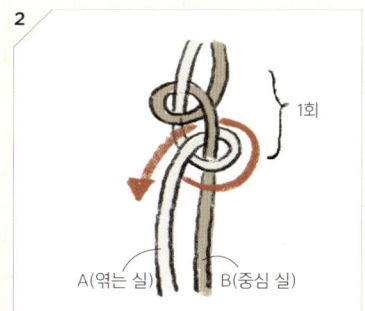
이번에는 B를 중심 실로 하고 엮는 실 A를 감는다.

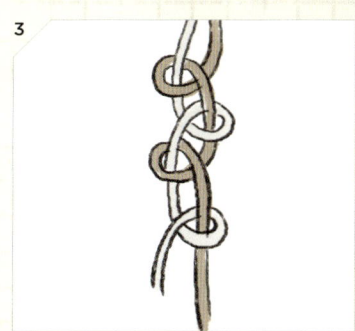
과정1~과정2(좌우엮기 1세트)를 반복한다.

> 평매듭

왼쪽 평매듭

1
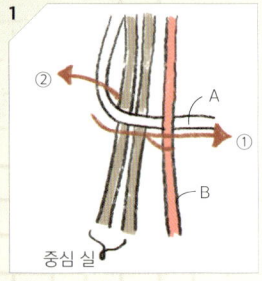
중심 실 위로 A를 올리고, B를 A 위에 놓는다.

2
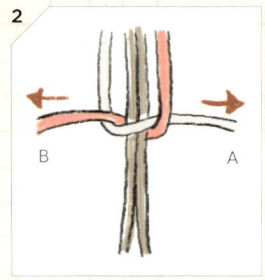
실을 양옆으로 잡아당긴다.

3
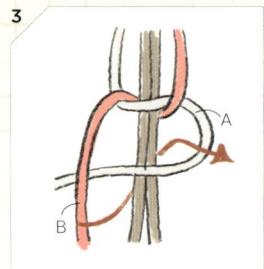
오른쪽으로 옮겨진 A를 중심 실 위로 올리고, 그 위에 B를 놓는다. 다시 A를 중심 실 아래도 통과시켜 A의 고리 위로 꺼낸다.

4
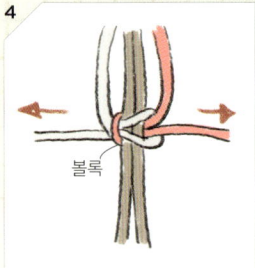
실을 양옆으로 잡아당겨서 조인다. 양쪽으로 1번씩 만들어야 평매듭 1세트가 된다.
※오른쪽 평매듭은 왼쪽 평매듭에서 중심 실 위에 놓는 A, B의 순서를 바꾸면 된다. 첫 번째 매듭에서는 둘의 차이가 확연하지만 매듭을 계속 반복하면 같은 모양이 된다.

4줄 평매듭

1
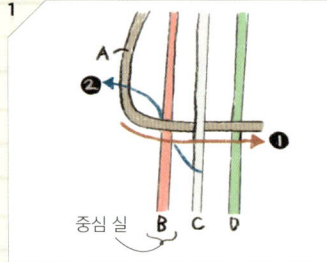
매듭실 4줄을 모아놓는다. B를 중심 실로 하고 A와 C로 왼쪽 평매듭을 묶는다. ①번과 ②번의 순서로 통과시킨다.

2
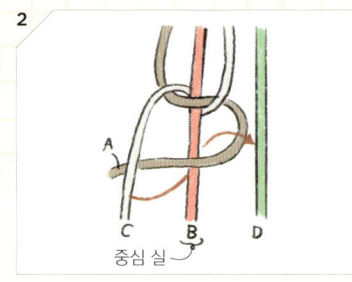
A를 중심 실 위로, 그 위에 C를 올린다. C를 중심 실 아래에서 A의 고리 위로 빼내면 왼쪽 평매듭이 완성된다.

3
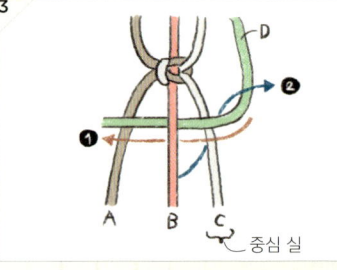
C를 중심 실로 하고 B와 D로 오른쪽 평매듭을 묶는다. ①과 ②번의 순서로 통과시킨다.

4
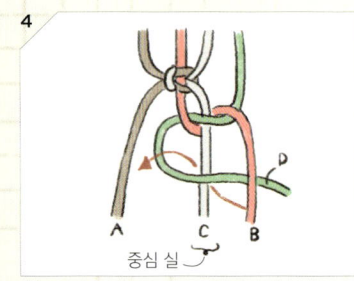
D를 중심 실 위로 올리고, 그 위에 놓은 B를 중심 실 아래로 통과시켜 D의 고리 위로 빼내면 오른쪽 평매듭 완성.

5
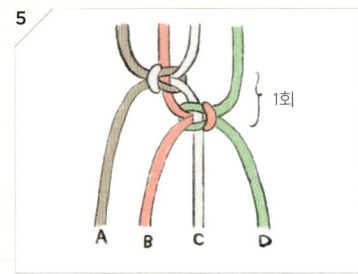
여기까지가 4줄 평매듭 1세트.

6
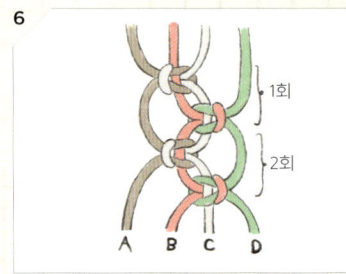
과정1~과정5를 반복한다.

피쉬본매듭

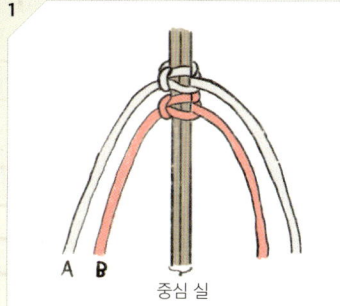

1. 중심 실에 엮는 실 2줄(A, B)을 평매듭으로 묶는다.

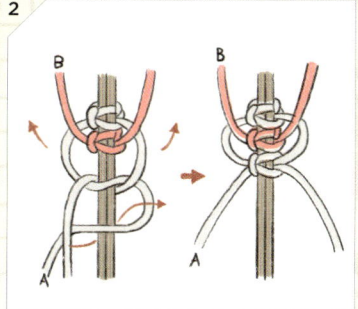

2. B를 위로 올리고, A를 아래쪽 좌우에 1줄씩 놓고 평매듭으로 묶는다.

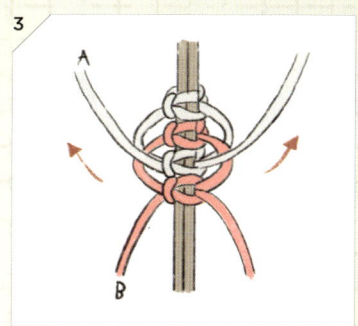

3. 다시 A를 위로 올리고, B를 아래쪽 좌우에 1줄씩 놓고 평매듭으로 묶는다. 같은 방법으로 계속 묶는다.

왼쪽 돌려엮기

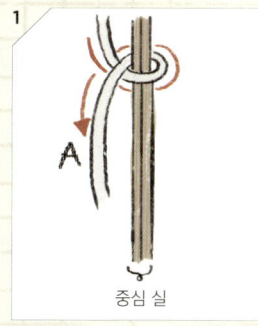

1. 중심 실에 엮는 실 A를 왼쪽에서 오른쪽으로 감는다.

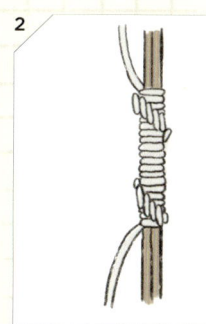

2. 과정 1을 계속 반복한다. 매듭 모양이 사선으로 나타난다.

오른쪽 돌려엮기

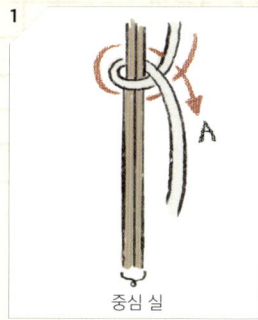

1. 중심 실에 엮는 실 A를 오른쪽에서 왼쪽으로 감는다.

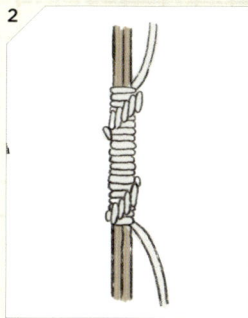

2. 과정 1을 계속 반복한다. 매듭 모양이 사선으로 나타난다.

왼쪽 평돌기

1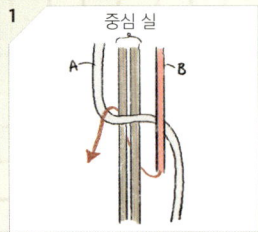
엮는 실 A를 중심 실 위로 올리고, 그 위에 엮는 실 B를 놓는다. B를 중심 실 아래로 통과시켜 A의 고리 위로 빼낸다.

2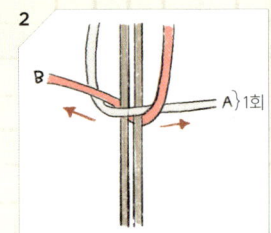
B와 A를 양쪽으로 잡아당겨서 조인다.

3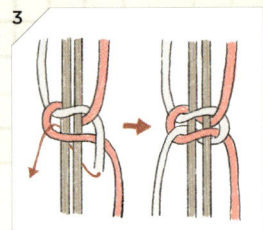
과정1~과정2를 반복한다. 여기까지 평돌기 1세트.

4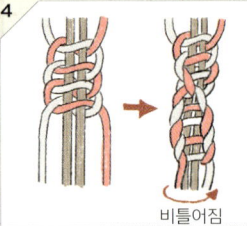
좌우로 실을 바꿔가며 매듭을 묶다가 중심 실을 잡고 매듭을 위로 밀어 올린다. 매듭의 모양이 나선 모양으로 비틀어진다.

오른쪽 평돌기

1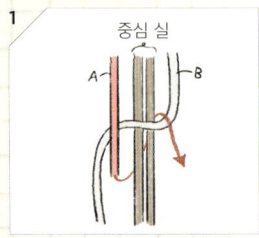
엮는 실 B를 중심 실 위로 올리고, 그 위에 엮는 실 A를 놓는다. A를 중심 실 아래로 통과시켜 B의 고리 위로 빼낸다.

2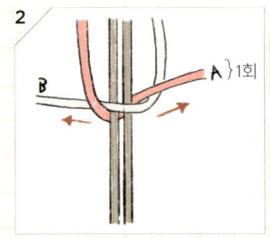
B와 A를 양쪽으로 잡아당겨서 조인다.

3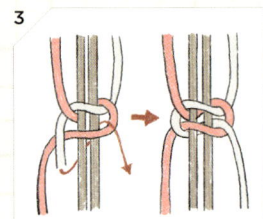
과정1~과정2를 반복한다. 여기까지 평돌기 1세트.

4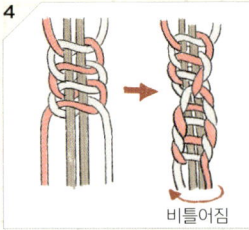
좌우로 실을 바꿔가며 매듭을 묶다가 중심 실을 잡고 매듭을 위로 밀어 올린다. 매듭의 모양이 나선 모양으로 비틀어진다.

왼쪽 레이스엮기

1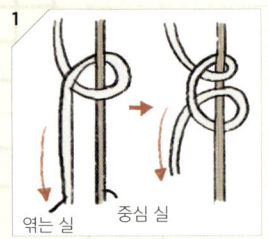
중심 실의 왼쪽에 엮는 실을 놓는다. 엮는 실을 중심 실 위에서 아래로 1번 아래에서 위로 1번 감는다.

2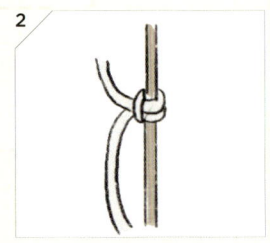
실을 잡아당겨서 조인다. 여기까지 왼쪽 레이스엮기 1세트.

오른쪽 레이스엮기

1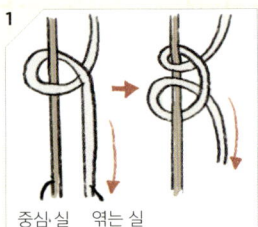
엮는 실을 중심 실의 오른쪽에 놓는다. 엮는 실을 중심 실 위에서 아래로 1번 아래에서 위로 1번 감는다.

2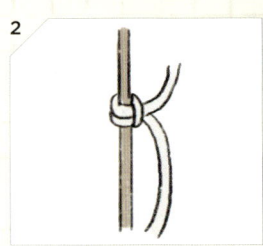
실을 잡아당겨서 조인다. 여기까지 오른쪽 레이스엮기 1세트.

가로엮기

왼쪽에서 오른쪽으로 묶을 때

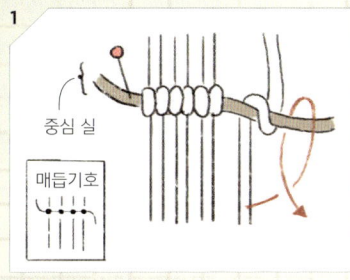

중심 실을 핀으로 꽂아서 고정한 다음, 화살표 방향으로 매듭실을 감는다.

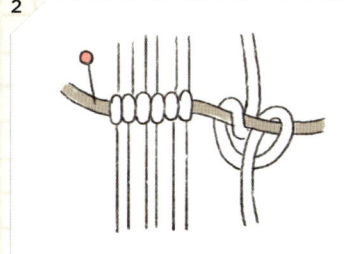

실을 잡아당겨서 조인다.

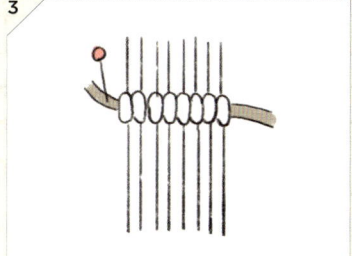

완성된 모습.

오른쪽에서 왼쪽으로 묶을 때

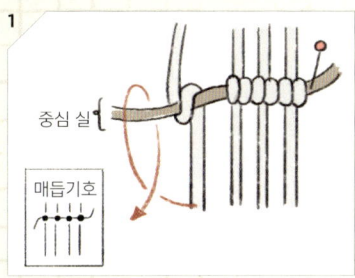

중심 실을 핀으로 꽂은 다음, 화살표 방향으로 매듭실을 감는다.

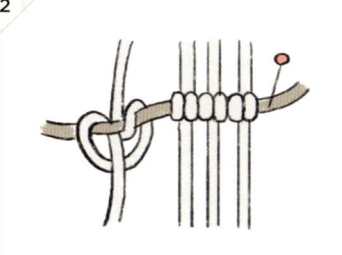

실을 잡아당겨서 조인다.

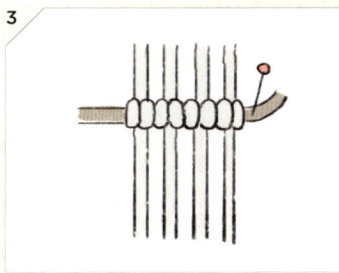

완성된 모습.

여러 단을 묶을 때

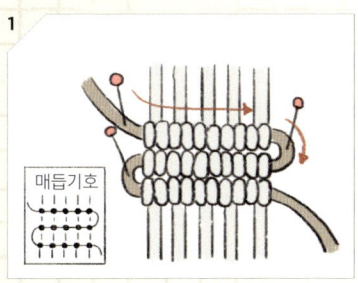

그림과 같이 왼쪽에서 오른쪽, 오른쪽에서 왼쪽으로 번갈아가며 매듭을 묶는다.

3줄땋기

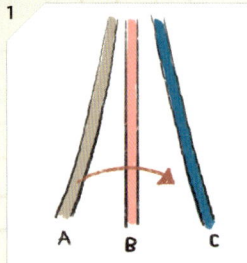 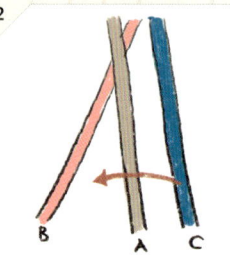 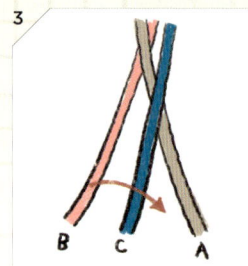 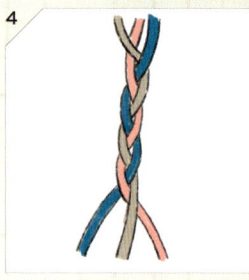

1. 실 3줄을 나란히 놓는다. A를 B 위로 올린다.
2. C를 A 위로 올린다.
3. 과정1~과정2의 순서대로 실을 반복하여 교차시킨다.
4. 틈이 생기지 않도록 단단하게 잡아당기면서 땋는다.

4줄땋기

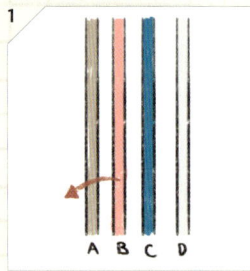 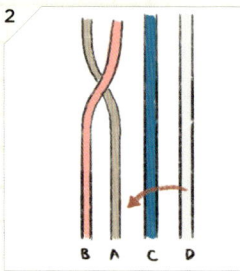 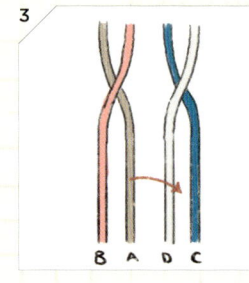 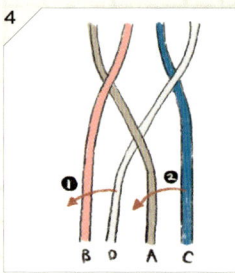

1. 실 4줄을 나란히 놓는다. B를 A 위로 올린다.
2. D를 C 위로 올린다.
3. A를 D 위로 올린다.
4. 과정1~과정3의 순서대로 실을 반복하여 교차시킨다.

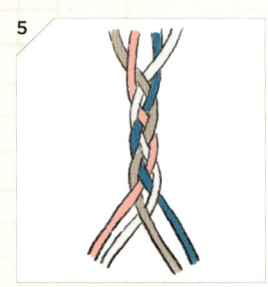

5. 틈이 생기지 않도록 단단하게 잡아당기면서 땋는다.

칠보매듭

1
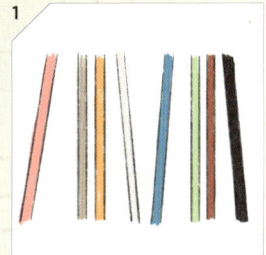
실 8줄을 나란히 놓는다.

2
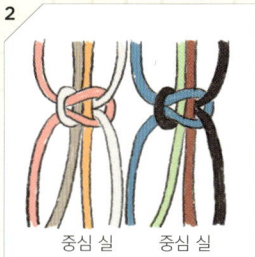
중심 실   중심 실
4줄씩 묶어주는데, 가운데 2줄을 중심 실로 하고 왼쪽 평매듭(136쪽 참고)을 1세트씩 묶는다.

3
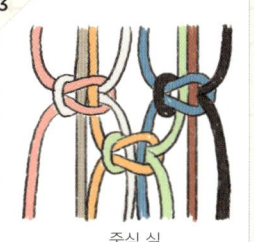
중심 실
두 묶음을 연결하는데, 그림을 참고해서 두 매듭과 일정한 간격을 두고 왼쪽 평매듭을 1세트 묶는다.

4
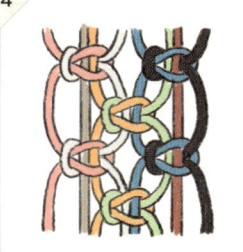
같은 방법으로 그림을 참고해 평매듭을 반복해서 묶는다.

6줄땋기

1
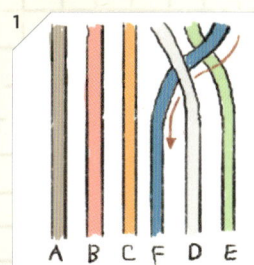
A B C F D E
실 6줄을 나란히 놓는다. F를 E 위로, D 아래로 통과시킨다.

2
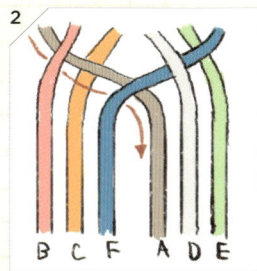
B C F A D E
A를 B 아래로, C 위로, F 아래로 통과시킨다.

3
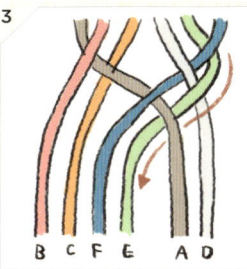
B C F E A D
E를 D 위로, A 아래로 통과시킨다.

4

C F E B A D
B를 C 아래로, F 위로, E 아래로 통과시킨다.

5
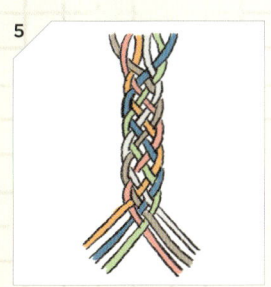
과정1~과정4을 반복하여 교차시키고, 틈이 생기지 않도록 단단하게 잡아당기면서 땋는다.

둥근 4줄접기

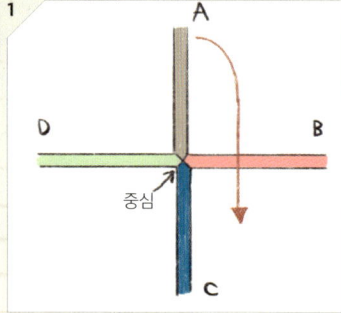

1. 실을 십자 모양으로 놓고, 시계방향으로 실을 겹쳐 나간다. A를 B 위로 올린다.

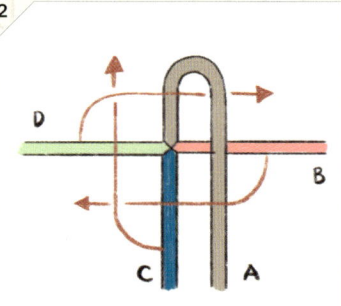

2. 다음으로 B를 A와 C에, C를 B와 D에, D를 C에 겹쳐 올리고 다음 A의 고리 안으로 통과시킨다.

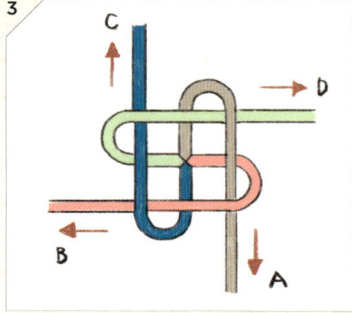

3. 실 4줄을 일정한 힘으로 잡아당겨서 조인다.

4. 1번 묶은 모습이다. 격자 모양이 나타난다.

5. 과정1~과정4를 반복한다.

사각 4줄접기

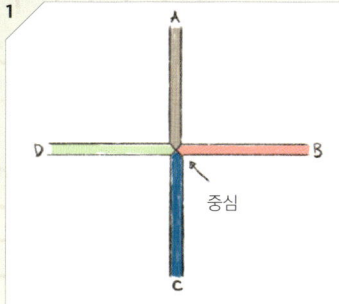
1 실을 십자 모양으로 놓는다.

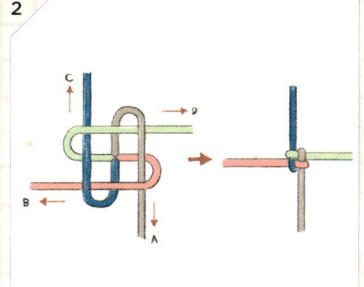
2 둥근 4줄접기(142쪽)를 참고하여 1번 묶는다.

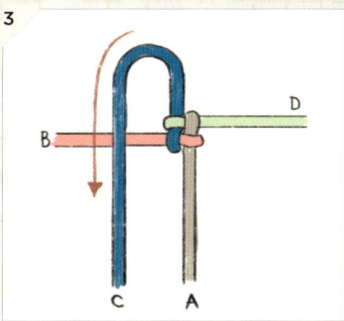
3 시계 반대방향으로 실을 겹쳐나간다. C를 B 위로 올린다.

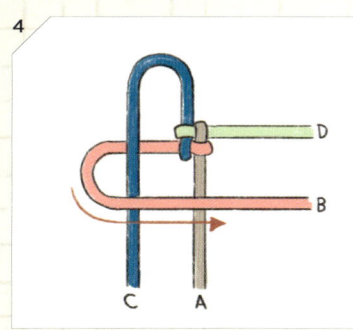
4 B를 C와 A 위로 올린다.

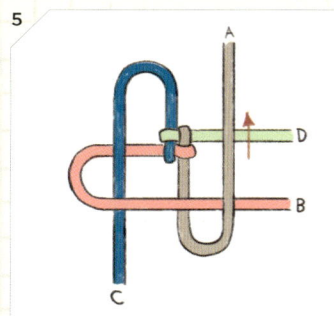
5 A를 B와 D 위로 올린다.

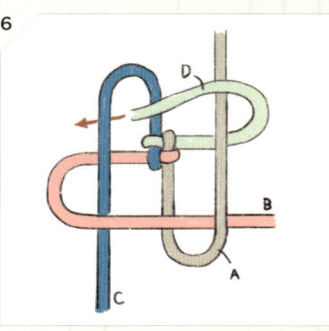
6 D를 A 위로 통과시킨 다음 C의 위에서 고리 아래로 통과시킨다.

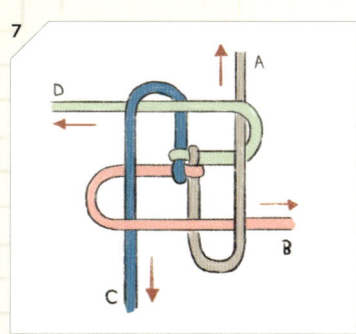
7 실 4줄을 일정한 힘으로 잡아당겨서 조인다.

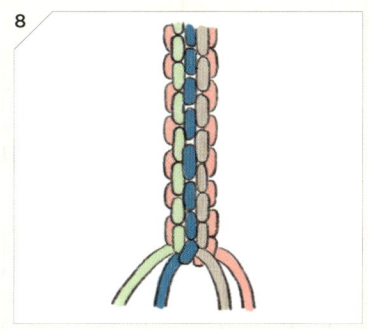
8 과정2~과정7을 반복한다.

아라 마크라메의 BEST ITEM

예쁜
매듭 팔찌 &
소품 만들기